# Gärtnern
## für die Seele

Sibylle K. Maag

# Gärtnern für die Seele

## Der Garten, der mir gut tut

KOSMOS

# Inhalt

*Besucher aus der ganzen Welt kommen in den Paradiesgarten Maag, um die Arbeit der Designerin Sibylle K. Maag in ihrem Kreativgelände zu erleben und zu erlernen.*

# Der Garten, der mir gut tut und mich unterstützt

Mein Garten erdet mich und führt mich zurück auf das Wesentliche. Ich bekomme dort Kraft, Energie und Ernte. Er stellt den Anker und Ruhepol in meinem außergewöhnlichen Berufsleben dar.
Ich habe früher in meinem Leben oft zu hören bekommen, dass man dieses oder jenes nicht so tut, sondern anders. Oder: Das geht doch nicht, was Du Dir vorstellst, ist unmöglich. Meine Erfahrungen haben etwas anderes gezeigt, ich folge meinem Innersten und vieles geht eben doch.
Handeln hat stets Konsequenzen – nicht nur für einen selbst, sondern auch für unser Umfeld und andere, und ja, jeder kann etwas tun, um die Welt ein Stückchen besser zu machen.
Als Kinder haben wir uns gerne Spiele ausgedacht. Die meiste Zeit meiner Kindheit verbrachte ich draußen und am liebsten habe ich gleich ganze Welten erfunden. Mit meiner Freundin habe ich Papier an Papier geklebt, bis wir Meter über Meter Platz für unsere Zeichnungen von Wäldern, Pflanzen und Wegen hatten. Diese Welten, die wir dort für uns erschaffen hatten, haben wir dann in einer Wiese ausgerollt und damit phantastische Abenteuer erlebt.
Heute haben sich die Dimensionen dieser Welten verändert und ich mache das Unmögliche möglich, erschaffe in meinen Unternehmen neue Wege. Ich entwickle Designs wie den KUBI und Gartenwelten – das war schon immer ein Teil von mir. Genauso wie es ein Teil von mir ist, das Geschenk der Gartenfreude an andere Menschen weiterzugeben.
Teilen Sie meinen Traum!

Sibylle Maag

DIE VERGANGENHEIT SCHÄTZEN, DIE GEGENWART GENIESSEN, DIE ZUKUNFT IM BLICK HABEN. Sibylle K. Maag

# Gartenfreude
## wecken & entdecken

Ein Garten bedeutet Zeit für sich selbst. Hier können Träume verwirklicht und eigene Welten geschaffen werden. Achtsames Gärtnern sorgt für einen fruchtbaren Boden, der uns mit gutem Obst und Gemüse versorgt. Doch der eigene Garten kann viel mehr sein als ein einfacher Nutzgarten. Man kann ihn so anlegen, dass er uns unterstützt – mit Kraftplätzen und Inspirationsquellen: Er erdet uns nach einem anstrengenden Arbeitstag und schenkt uns Blumen, Kräuter, Gemüse und Obst in besonderer Qualität.

*Ein Garten bietet vielfältige Möglichkeiten sich zu entfalten, Spaß bei der Arbeit und Freude über die neu erworbenen Gartenschätze inklusive.*

# Glücksmomente

Nach getaner Kopfarbeit liebe ich es, in meinen Garten zu gehen und mich dort wieder zu erden und zur Ruhe zu kommen. Ich habe meinen Garten mit unterschiedlichen Themenbereichen angelegt, denn an jedem Tag und zu jeder Stunde tut mir etwas anderes gut.
Mein Garten bietet mir die Möglichkeit, dem Arbeitsalltag zu entfliehen. Straßenlärm, Hektik und Stress bleiben draußen. Es ist herrlich, nach einem anstrengenden Tag einfach mal abzutauchen. Nach und nach schaltet das Gehör um und dann entsteht ein erhabener Moment.
Plötzlich hört man die Stille und nimmt nur noch die Geräusche der Natur wahr: Vögel und das Rascheln von Laub im Wind. Ich kann dann alles loslassen, um schließlich wieder mit neu getankter Energie aufzutauchen.

## Der Duft frischer Erde

Neue Pflanzen zu setzen, erdet mich ungemein. Es ist erholsam, frischen, fruchtbaren Boden zwischen den Händen zu spüren, der an manchen Stellen in meinem Garten nach Waldboden und frischen Pilzen duftet, an anderen nach feuchtem Ton und manchmal sogar nach Minze.
Es ist herrlich, mit seiner Tätigkeit verbunden zu sein und greifbare, sichtbare Erfolge zu erzielen. Die befriedigende Erfahrung, ein sichtbares Ergebnis nach getaner Arbeit zu erfahren, fehlt heutzutage vielen Menschen. In einem Garten mit seinen vielfältigen Möglichkeiten ist genau das erlebbar und zwar für jeden Geschmack: vom kulinarischen Gewinn für Naschkatzen über den Garten-Workout für Menschen, die sich gern bewegen, bis zur Erholungsoase für Genießer.

*Im eigenen Garten kann man gemeinsam genießen, sich austauschen und neue Aktivitäten planen.*

*Ein Garten bietet immer Gesprächsstoff. Der persönliche Austausch von Tipps und Gartenvorlieben bereitet viel Freude.*

# Gärtner unter sich

Ein Garten ist mehr als eine zu mähende Wiese und eine zu schneidende Thujahecke um einen herum. Viele Hobbygärtner lieben es, sich mit Gartenfreunden auszutauschen. Das Interesse an bundesweit stattfindenden Tagen der offenen Gartentür steigt stetig. Es ist immer unterhaltsam, ein kurzes Pläuschchen über die Hecke zu führen, mit seinen Nachbarn Raritäten und Tipps zu tauschen oder auch – im Fall von Schnecken – das Leid zu teilen.
Aber nicht nur beim Austausch mit Gleichgesinnten, sondern auch beim Gärtnern selbst kann man sich selbst ein bisschen besser kennenlernen und seine Vorlieben erforschen. Schöne Rasenflächen, die an üppige Blumenbeete anschließen, bieten dem Auge Ruhe. Aber ein paar vorwitzige Gänseblümchen oder der Persische Ehrenpreis – für manche ein Unkraut – machen den Rasen zur lebendigen Wiese. Und wenn man genau hinschaut, dann sieht man, was für ein strahlendes Himmelblau seine Blütenblätter besitzen, die mit dunkelblauen Adern gestreift sind und auf seine weiß umkränzte, gelbe Mitte führen – eine Einladung für viele Nützlinge. Und von diesen winzigen Blüten hat er Tausende.

## Mein Gartenleben

Vor ein paar Jahren hatte sich ein Persischer Ehrenpreis in einem meiner Blumenbeete ausgesät. Er erstrahlte in herrlichem Himmelblau und machte sich gut neben den orangen Blüten meiner Frühlingsblumen. Während anregender Gespräche über Gartenpflanzen fragte mich eine Besucherin aus dem Ausland ganz entzückt, ob sie denn eine Pflanze bei mir kaufen könne. Ich lachte und meinte, ich habe eine ganze Wiese davon, sie könne sich eine Pflanze aussuchen. Sie wollte dann unbedingt die Wiese sehen. Als ich erklärte, dass die Pflanzen bei uns als Unkraut angesehen werden, stand sie ganz in Gedanken versunken da und meinte, sie wolle für ihr Beet aber trotzdem eine Pflanze haben, denn Geschmack sei ja unterschiedlich. Sie habe zwar einen sehr reduzierten Design-Garten, aber wenn sie sich meine Wiese so anschaue, dann träume sie jetzt von Blumen in der Wiese.

*Der Persische Ehrenpreis blüht von Februar bis Oktober, bei milden Temperaturen auch mitten im Winter.*

# Ernte-Vorfreude – die schönste Freude für Gärtner

Alle lieben die frischen Zutaten aus dem Garten und das vielfältige Angebot der Saison vor der eigenen Haustür: biologisch, bunt, lecker – dank einem guten Mix aus modernen und historischen Sorten. Was für ein Traum, einfach vor die Haustüre gehen zu können, um knackige Gemüse, frische schmackhafte Früchte und eigene Blumensträuße ernten zu können und natürlich mit Freunden den Garten zu genießen und zu feiern.

## Frühlingsgefühle

Wenn man frische Kräuter aus dem Garten erntet, während der Schnee gerade seinen Rückzug antritt und die ersten vorwitzigen Zitronenfalter aus ihren Winterquartieren auf der Suche nach Nektar durch den Garten ziehen, kann man das herrliche Gefühl von erwärmter Frühlingsluft auf der Haut genießen. Mit dem intensiven Duft der frisch geernteten Kräuter in der Nase entdeckt man kleine Pflanzen, die gerade zu sprießen beginnen. Unter den Grasbüscheln verborgen spitzen sie hervor. Die ersten Zeichen der Frühlingszwiebelblumen, die den nahenden Frühling ankündigen. Die Freude daran, dass es nicht mehr lange dauern wird, bis sie den Frühling einläuten, erweckt die Lust auf zukünftige Genüsse.

Wenn dann die Zeit kommt, in der mit Macht der Frühling einkehrt, dann hält den „Barbar von Rha“ nichts mehr auf. Übersetzt bedeutet sein Name „Fremder aus dem Wolgagebiet“ und erklärt vortrefflich, warum unser Rhabarber so früh im Jahr der Kälte trotzt. Ganz jung geerntet, schmecken seine roten Stangen, nur in ein bisschen Zucker getaucht, herrlich erfrischend.

Während die ersten Erdbeeren blühen, beginnt sich der Obstgarten in eine weiß-rosafarbene Blütenwolke zu verwandeln, die, umschwärmt von Bienen, die Herbstfülle mit dem lockenden Duft reifer Äpfel, Birnen und Zwetschgen verheißt.

## Sommerfreuden

Etwas später im Jahr reifen dann endlich die ersten frischen Erdbeeren. Ich liebe ganz besonders eine Sorte aus dem Garten meines Großvaters, mit richtig gutem Geschmack, sonnengewärmt und heiß ersehnt von meiner ganzen Familie. Die Früchte bilden bei uns ein regelrechtes Erdbeermeer. Bald können wir in Erdbeeren mit Sahne und Minze versinken und dazu Arme voller selbstgepflückter, kreativer Blumensträuße, wie in der Kindheit.

*Die langsam wachsenden Möhren stellen die Geduld des Gärners auf die Probe. Der süße, knackige Genuss des frisch geernteten Gemüses ist die wohlverdiente Belohnung.*

Die Obstbaumblüte im Frühling ist ein echter Hingucker. Weiße und rosafarbene, duftende Blütenpracht kündet von üppiger Ernte im Herbst.

*Bunt gemischte Gemüsebeete erfreuen nicht nur das Auge. Dank der großen Auswahlmöglichkeiten bieten sie sowohl für Naschkatzen als auch für Gourmets feine Leckereien und gute Zutaten für die Küche.*

# Garten – Ort der Vielfalt

Mein Mann erinnert sich oft daran, wie in seiner Kindheit viele Schmetterlinge über die als Magerwiese bewirtschafteten Flächen gaukelten. Im Frühsommer hüpften Unmengen an Babyfröschen durch die Wiese, auf der Suche nach einem Teich, sodass man aufpassen musste, wo man hintrat. Igel streiften abends durch das Gelände und halfen bei der Schneckensuche. Seltene Wiesenorchideen wie Knabenkräuter wuchsen an Wiesenstreifen. Ich erinnere mich auch an romantische Glühwürmchen-Nächte mit Sternenschein, bei abendlichen Spaziergängen in lauwarmen Nächten.
Aber früh bemerkte man, dass diese Vielfalt zurückging. Wo waren all die Tiere und Pflanzen hin? Es gab kaum noch solche erinnerungswürdigen Erlebnisse. Was war in den wenigen Jahren von der Kindheit bis zum Erwachsenenalter passiert? Es gab keine Magerwiesen mehr mit ihren vielfältigen Beständen an Kräutern, Blumen und der darauf abgestimmten Tierwelt. Die bewirtschafteten Flächen wurden zu Hochleistungen angetrieben. Das Allgäu blühte in monotonem Löwenzahngelb auf.
Unabhängig von Subventionen und Leistungsdruck zeigt sich die wunderbare Chance privater Gärten. Auch scheinbar kleine Veränderungen bringen eine spürbar größere Lebensqualität, nicht nur für einen selbst, sondern auch für die Umgebung und andere. Wenn man sich vorstellt, wie groß die Gartenflächen sind, zeigt sich, was für eine große und wunderbare Möglichkeit jeder für den Erhalt von Vielfalt hat.

## Man schützt, was man liebt

Aber wenn Natur nicht mehr erlebt werden kann, wie soll man sie dann lieben lernen? Durch unser modernes Leben vergessen wir, wie wichtig die Rückkehr zum Verständnis von natürlichen Kreisläufen ist. Viele Menschen glauben, sie stehen außerhalb der Natur.

Aber die Erkenntnis, dass es gut tut, regelmäßig in der Natur zu sein, ist tief in unserer Seele verankert. Menschen, die im Grünen oder in der Nähe von Parks wohnen, fühlen sich wesentlich gelassener und gesünder. Schon nach wenigen Minuten, die man draußen in der Natur verbracht hat, kann man klarer denken und ist positiver gestimmt – in der Natur sind Glück und Gesundheit jeden Tag zum Greifen nah.

*Es gibt viele Möglichkeiten einen Garten formschön und nützlich anzulegen. Der Stil richtet sich nach dem eigenen Geschmack.*

# Ein Garten für Tiere

Geschickt eingebunden in eine naturnahe Gestaltung mit Nischen kann der Gärtner das Wunder, wie Pflanzen und Tiere zurückkommen, vor seiner eigenen Haustür genießen. Hier können die eigenen Träume verwirklicht werden: Ein wogendes Schnittblumenbeet in schillernden Farben oder endlos blühende und mannshohe Blumenbeete, in denen man in Schmetterlingen versinken könnte, vielleicht ein Labyrinth zum Verstecken – es gibt so bezaubernde Möglichkeiten für eine rundum gelungene Komposition, die das Herz höher schlagen lässt und in der eine Seite der Seele anklingt.
Es ist faszinierend, Vögeln beim Füttern ihrer Jungen zuzusehen. Der nette Nebeneffekt ist, dass auf diese Weise Unmengen an Schädlingen verfüttert werden: Die Insekten sorgen für ein gesundes Wachstum der Jungen und die Vögel helfen dadurch, einen ausgewogenen Zustand im Garten zu erreichen. Wer im Garten zur Giftspritze greift, vernichtet dabei zwar viele Schädlinge, die Nützlinge, die er bräuchte, leider aber auch gleich mit. Viele Gifte, die im Hausgarten zugelassen sind, gefährden Nützlinge, Bienen, Hummeln und den so wichtigen Aufbau unseres Mutterbodens.
Abends auf der Terrasse zu sitzen und den nützlichen Igel willkommen zu heißen, erfreut das Gärtnerherz, denn er hilft, eine der größten Plagen im Garten zu dezimieren, Nacktschnecken. Dass Glühwürmchen nicht nur für romantische Nächte sorgen, sondern deren unauffällige Larven ebenfalls sehr große Helfer gegen Schnecken sind, wissen viele nicht. Das kann Leuchtkäfer, wie sie auch genannt werden, zu Lieblingen von Romantikern und Gemüsefans machen.
Als Gestalter seines eigenen Gartens kann man sich einen starken Partner an die Seite holen – die Natur mit ihren vielfältigen Lebewesen und ihren seit Millionen von Jahren erprobten Kreislaufsystemen.

DIE WELLEN, DIE MAN AUSLÖST, KOMMEN IRGENDWANN WIEDER ZU EINEM ZURÜCK. DA ES OFT LANGE BRAUCHT, BIS SIE EINTREFFEN, IST ES SCHWIERIG, URSACHE UND WIRKUNG ZUZUORDNEN. Unbekannt

*Insekten, Igel, Schmetterlinge und Vögel beleben den Garten. Nützlinge erfreuen das Gärtnerherz auf vielfältige Art und Weise. Viele Gärten sind zur Heimat seltener Arten geworden, die dort einen Lebensraum finden.*

# Der Kreislauf der Natur

Ein Garten für die Seele gibt Kraft durch seine Lebendigkeit. Ein formschöner Garten – konzipiert mit Pflanzen, die nicht nur ästhetisch wertvoll sind – bietet uns die Möglichkeit, ein rundum gelungenes Glücksgefühl zu schaffen.
Ein hübsches Beispiel ist der Purpur-Sonnenhut *(Echinacea purpurea)*, dessen rosa bis purpurn überlaufende Kronblätter uns von Mai bis Oktober erfreuen. Ursprünglich eine Medizinalpflanze, deren Wurzeln für medizinische Zwecke angebaut werden, bereichert sie heute so manchen Garten. Seinem flammenden roten und orangefarbenen Blütenstand können Bienen nicht widerstehen. In seinem Wurzelbereich finden wir immer viele Regenwürmer, die Echinacea scheint also auch dem Bodenleben zu gefallen. Selbst im Winter bietet der Purpur-Sonnenhut einen attraktiven Anblick mit seinem markanten Kopf und Nützlinge finden darin ein Winterquartier. Ein attraktiver Garten kann immer auch einen Mehrfachnutzen erfüllen und selbst Wege können mehr sein als nur Wege.
Jede Planung beginnt mit Beobachtung oder sogar kleinen Experimenten. Um etwas herauszufinden, muss man nicht immer gleich in großem Stil starten. Wer die Details (Mikrokosmos) beobachtet, und sie versteht, kann sie später in größeren Kreisläufen (Makrokosmos) einbinden und wird das Wunder erleben, wie die Natur auf einen zukommt, die geschaffenen Nischen nutzt und Leben entsteht. Bei einem gut überdachten und vielfältigen Gelände finden seine Nutzer Inspiration, Kraft, Freude und erfüllende Aufgaben.

ALLES SCHÖNE DARF GERN NÜTZLICH UND ALLES NÜTZLICHE GERN SCHÖN SEIN. Sibylle K. Maag

## Wasser ist Leben

Wasser im Garten ist schier unverzichtbar und stellt eine unserer Lebensquellen dar. Wer Regenwasser kreativ einbindet, statt verschwendet, erschafft neue Möglichkeiten des Gärtnerns. Wer kleine Wasserbereiche mit einplant, der wird sich keine Sorgen machen müssen, dass Kleinkinder in den Teich fallen, und hilft damit seinen Nützlingen und somit sich selbst. Wasser ist außerdem eines der beruhigendsten Elemente im Garten.

*Purpur-Sonnenhut* (Echinacea purpurea) *ist schön und nützlich: Seine Inhaltsstoffe sollen vorbeugend gegen Erkältungskrankheiten wirken.*

*Wenn man sich die Zeit nimmt und genauer hinsieht, findet man wunderschöne und inspirierende Details in der Natur, wie die Samenstände einer Löwenzahnpflanze oder einen Wassertropfen an einem Blatt.*

*Die Metamorphose der Schwalbenschanz-Raupe bis zum Schmetterling istein faszinierendes Schauspiel der Natur. Ein selten gewordenes Erlebnis, das Jung und Alt beeindruckt.*

## Der Schwalbenschwanz

Ein wunderbares Beispiel dafür ist der Schwalbenschwanz, den ich mir immer gewünscht hatte. Der Rasen war noch nicht vollständig gemäht, und ich blieb mit den Worten neben meinem Mann stehen: „Bleib doch einfach mal mit mir hier stehen und genieße den Moment. Denn immer, wenn ich in diesem Garten anhalte, schenkt er mir etwas.“ Und da sah ich ihn schlüpfen. Ein wahres Glück, denn genau diese Stelle wäre das letzte zu mähende Stück gewesen. Daraufhin änderten wir bestimmte Gestaltungselemente, sodass wir jetzt einen schönen Rasen und Schmetterlinge genießen können.

# Vom Wunder des Wachstums

Haben Sie Mut, eigene Ideen zu verwirklichen und besondere Pflanzen zu kultivieren. Wer sich Vielfalt wünscht und sie umsetzt, wird schnell feststellen, dass die Gärten der Nachbarn und Freunde ausgeräumt wirken und man einige Pflanzen hat, die man sonst nicht sieht. Dabei muss der Garten noch nicht einmal „wild" aussehen.
Aber es gehört nicht nur Mut dazu, seine eigenen Ideen umzusetzen, sondern manchmal auch die Möglichkeit, der Natur Freiräume zu schaffen, in der sie arbeiten kann. Das Wunder von Wachstum und Entwicklung kann sich nur dann voll entfalten, wenn man sich traut, zuzulassen, was sich von selbst entwickelt, aber auch zu wissen, wann man eingreifen sollte. Wenigen ist bewusst, dass man jedes Mal, wenn man etwas Größeres in seinem Garten verändert, auch in Kauf nimmt, dass dabei vielleicht ein anderer Prozess gestört wird, zum Beispiel die Entwicklung eines Schmetterlings. Durch zu viele Eingriffe in den Garten gehen oft schöne Dinge verloren, und damit ist nicht nur der Moment gemeint, in dem man hätte stehen bleiben können, um sie zu genießen.
Es ist faszinierend, einem Schmetterling oder einer Libelle beim Schlüpfen zusehen zu können. Vielleicht sogar mit einer Kamera einen neuen Blickwinkel zu finden und den Moment festzuhalten. Jeder kann im Garten etwas entdecken. Wenn der Garten im Frühjahr aufblüht, kann man Knospen beim Anschwellen beobachten und zuschauen, wie junge Blüten das erste Tageslicht erblicken. Diese Erlebnisse können zu Augenblicken werden, in denen man selbst aufgeht – in seiner Arbeit, seinem Tun, seinem Sein.

*Im Frühling kann man es kaum erwarten, dass die zarten Blütenblätter ihren samtweichen Schutz verlassen, um von der Knospe zur vollen Blütenschönheit zu reifen, wie hier die Stern-Magnolie.*

# Mit der Natur gestalten

Das Leben besteht aus Entwicklung und Wandel. Wer mit der Natur gestaltet, hat einen starken Partner an seiner Seite und entdeckt die Vielfalt neu. Viele Menschen verbinden mit einer naturnahen Gestaltung einen verwilderten Garten. Moderne Designideen beweisen jedoch, dass ästhetische Gestaltung sehr gut mit den Kreisläufen der Natur Hand in Hand gehen kann.

# Der Garten als Spiegel der eigenen Kreativität

Das Herrliche an einem Garten ist, dass man sich hier einen Freiraum gestalten kann, der sich der eigenen Entwicklung anpasst. Ein Garten ist kein Gemälde, das – einmal gezeichnet – für immer fertig ist. Ein Garten entwickelt sich weiter, genauso wie wir Menschen. Einen Garten zu bepflanzen, ist der Anfang eines fortlaufenden Prozesses. Viele Gartenarchitekten beschäftigen sich hauptsächlich mit leblosen Gartenelementen wie Holzdecks oder Steinen. Aber ein Garten wird erst dank der Pflanzen und Tiere, die sich dort einfinden, lebendig. Eine Seele erhält er durch seine Bewohner – die Menschen, die in ihm leben, ihn nach ihren Wünschen und Vorstellungen gestalten und mit ihrer Kreativität weiterentwickeln. Zudem hat jedes Gelände andere Herausforderungen, mit denen man sich als Gartenbesitzer auseinandersetzen muss.
Jeder Mensch ist individuell und damit ist auch jeder Garten anders. Im Garten kann man Leben mitgestalten, gleichzeitig

*Im Trend: Moderne Beete und Hochbeete in bunter Vielfalt. Hier finden sich Gemüse, Kräuter und Blumen in Mischkultur.*

## Vielfalt ist die Zukunft

In meinem Paradiesgarten setze ich viele unterschiedliche Themen um. Als Konzeptentwicklerin spiele ich mit einem Grundthema und einem dahinterliegenden Muster. Unsere Besucher erleben ein Zusammenspiel verschiedener Gartenthemen. Auch wenn nicht jeder das Grundthema erkennt, wird die Harmonie trotzdem wahrgenommen. Um neue und vielfältige Möglichkeiten des Gärtnerns zu zeigen, lege ich immer wieder ganze Gartenteile neu an. So wird aus einem kleinen Gartenteich eine moderne Interpretation eines japanischen Zen-Gartens oder aus einem englischen Gartenraum ein Kraftplatz zum Entspannen. Das Grundthema eines Paradiesgartens ist in fast allen Kulturen verankert und hat ein gemeinsames Muster: Alle Paradiesgärten sind umfriedet und bilden einen geschützten Raum. Oft herrscht üppiges Wachstum: Blüten, Früchte zum Naschen und Wasser sind reichlich vorhanden. Es gibt Zeit zum Müßiggang, für Literatur und Musik. Für romantische Gärten sind auch Anregungen aus Märchen interessant. Hier bieten sich für eine Gartenecke z.B. Schneeweißchen und Rosenrot an, versinnbildlicht mit einem weißen und einem roten Rosen- oder Johannisbeerstrauch neben einem Sitzplatz.

DIE PRACHT DER GÄRTEN HAT STETS DIE LIEBE ZUR NATUR ZUR VORAUSSETZUNG. Germaine Baronin von Staël

aber auch die Weiterentwicklung der eigenen Persönlichkeit fördern. Viele Menschen fühlen sich erschlagen von den vielfältigen Angeboten und Trends. Was ist denn nun für einen selbst richtig und passend, in welchem Garten fühlt man sich selbst wohl? Es gibt unglaublich viele Gestaltungsrichtungen, die in einen Garten integriert werden können. Wollen Sie einen Cottage-Garten haben, spricht Sie ein moderner Kiesgarten an oder eher ein minimalistischer Designer-Garten mit formalen Elementen, geraden Linien und exakt geschnittenen Rasenkanten oder darf es auch etwas wilder sein, vielleicht mit einem Blackbox-Garden, in dem sich selbst aussamende Pflanzen mitgestalten – hier sind Überraschungen vorprogrammiert!

## Was macht mich im Garten glücklich?

Es gibt stets mehrere Wege zum eigenen Gartenglück, aber oft passiert es, dass man nur Schwarz und Weiß sieht und vor lauter Für und Wider alle anderen Möglichkeiten vergisst. Dabei findet man das Glück oft genau dazwischen: vielfältig und bunt. Manchmal stecken die eigenen Wünsche fest, weil wir die Bedürfnisse anderer erfüllen möchten und darüber unsere eigenen vergessen.

Viele Eltern wollen ihren Kindern ermöglichen, im Garten Fußball zu spielen, sind dann aber frustriert, wenn die liebevoll gepflegten Blumenbeete unter den Fußbällen zu leiden haben. Man opfert also für einige Jahre seinen heißgeliebten Garten – das ist zwar ehrenhaft und liebenswürdig, aber es

*Das 1200 $m^2$ große Gelände der Designerin Sibylle K. Maag. Links: vor der Anlage des Geländes. Rechts: nach wenigen Jahren mit gleichem Blick über den angelegten Teich.*

wäre einfacher, die Kinder auf einem dafür geeigneten Platz Fußball spielen zu lassen. Vielleicht haben die Kinder aber auch viel mehr Spaß, ihre Entdeckerfreude im Garten auszuleben, als beim enthusiastischen Fußballspiel auf die Blumenbeete achten zu müssen. Beim Ideensammeln mit Kindern können neue Gartenbereiche entstehen.
Im Leben ist nichts festzementiert. Gerade im Garten kann man aktiv weiterentwickeln, den Wandel selbst mitgestalten und der eigenen Entwicklung anpassen. Um einen Garten zu gestalten, der einem gut tut, ist es wichtig, sich selbst besser kennenzulernen und seine Erlebniswelt zu erweitern – entdecken Sie das Staunen, Riechen, Fühlen wieder und tauchen Sie in Ihre Gefühlswelt ab, um das innere Kind wieder freizulassen.
Wer Spaß daran hat, Grundmotive oder Muster zu entdecken, kann anhand der Fragen im untenstehenden Kasten seine Persönlichkeits-Tendenzen herausfinden. Jeder wird Facetten der einzelnen Persönlichkeitstypen in sich entdecken können. Dadurch lernt man sich ein bisschen besser kennen und die Entscheidung, mit welchem Projekt man beginnt, fällt leichter. In den einzelnen Kapiteln gibt es für den jeweiligen Persönlichkeitstyp Projektideen.

## Was bin ich für ein Persönlichkeitstyp?

[ ] Ich bin ein Organisationstalent: Ich liebe es, zu ordnen und zu planen.
[ ] Unübersichtliche Umgebungen liegen mir nicht.
[ ] Wo andere ein Durcheinander sehen, kann ich ein Muster erkennen.
[ ] Ich mag nichts, was Verwirrung stiften könnte.
[ ] Ich pflege meine Gewohnheiten.
[ ] Ideen auszubauen, zu kultivieren und zur Perfektion zu bringen, sind meine Leidenschaft.
[ ] Ich kann gut delegieren.
[ ] Ich brauche greifbare Ergebnisse meiner Arbeit.
[ ] Ruhepausen spielen für mich kaum eine Rolle: Der Ehrgeiz, mehr zu erreichen und zu schaffen, treibt mich an.
➡ Ich bin ein Design-Fan.

[ ] Ich habe Spaß an der Umsetzung von Ideen.
[ ] Ich übernehme gern Verantwortung.
[ ] Ich bin zielorientiert und geradlinig.
[ ] Ich habe gern einen Zeitplan.
[ ] Mein Arbeitsmotto lautet „frisch ans Werk“: Ich lege lieber los, als zu viel nachzudenken.
[ ] Ich bin sehr kontaktfreudig und kommuniziere gern.
[ ] Ich habe die Begabung, das Interesse meiner Mitmenschen zu wecken, deren Blick zu schärfen, zu motivieren und zum Handeln anzuregen.
[ ] Ich bin verantwortungsbewusst und im Einklang mit meinen Werten.
[ ] Ich habe eine positive Einstellung und bin selbstbewusst.
➡ Ich bin ein Realisierer.

[ ] Ich bin ein unvoreingenommener, objektiver Beobachter.
[ ] Ich probiere gerne neue Ideen aus, tüftle gern und suche nach Lösungen.
[ ] Ich prüfe gerne Ideen und bin an deren Auswirkungen auf die Umwelt interessiert.
[ ] Ein Kontrollsystem gibt mir Sicherheit.
[ ] Ich überlasse nichts dem Zufall.
[ ] Bei anderen Menschen beeindrucken mich hauptsächlich Wissen und Verstand.
[ ] Ich bin behutsam, hilfsbereit und verlässlich.
➡ Ich bin ein Entdecker.

## Sich selbst und den Garten weiterentwickeln

Der Gartengestalter nimmt Einfluss auf den Garten, aber der Garten beeinflusst auch seine Benutzer. Es tut einfach gut, regelmäßig draußen in der Natur zu sein – das ist tief in unserer Seele verankert. Als Kinder wussten wir das alle und waren kaum drinnen zu halten. Es gibt nichts Besseres, als nach einem anstrengenden Tag nach draußen zu gehen und eine Auszeit im Garten zu genießen. Hier hat man die Möglichkeit, schnelle Ergebnisse zu erhalten und langfristige Veränderungen wachsen zu sehen, die Lebendigkeit zu fühlen und alle Sinne anzusprechen. Es ist für uns heute eine wunderbare Möglichkeit, reales Leben zu erleben.

Es ist herrlich, die eigene Kreativität auszuleben und selbst mitzugestalten. Viele Menschen haben während ihrer Arbeit wenige Möglichkeiten, kreativ zu sein. Die Zeit hierfür bleibt daher oft auf die Freizeit beschränkt: Im Garten kann jeder seiner Kreativität Ausdruck verleihen – sei es beim Gestalten und Kombinieren verschiedener Blütenpflanzen in einem Beet, beim Pflanzen oder Vermehren oder beim Pflegen und Schnei-

*Im Garten können mitwachsende Bereiche entstehen, die den Wohnraum erweitern vielfältig nutzbar sind und sich je nach den Bedürfnissen verändern lassen.*

Kunstliebhaber, die Vögeln und Nützlingen helfen wollen, können mit der richtigen Pflanzenwahl Gartenkunst gekonnt in Szene setzen und die Tiere unterstützen.

den. Jeder hat Arbeiten, die er gerne ausführt. Einen Garten mit Hecken zu gestalten, bietet für jeden etwas. Die Schaffung von Gartenräumen durch die Einteilung mit Hecken oder Büschen schafft Abwechslung und die Möglichkeit, verschiedene Gartenstile in unterschiedlichen Räumen zu genießen.

**Für Design-Fans:** Ein klassischer Formschnittgarten verdankt seine Struktur und Konsistenz den exakt getrimmten Hecken. Hier kann der Gartenbesitzer mit der Formensprache kommunizieren. Wer eine ungewöhnliche architektonische Grenzmarkierung einbindet, kann damit seiner Individualität Ausdruck verleihen. Denn eine Begrenzung setzt in gewisser Weise einen Punkt. Ein besonderes Kunstwerk im Garten sollte man grundsätzlich optimal einbinden. Hier kann der Blick der Gartenbesucher durch Heckenführung gezielt gelenkt werden und durch die klare Gestaltung mit auf dem Kunstwerk verweilen. Am meisten profitiert man von Formschnitt-Arrangements, wenn diese von einem Sitzplatz aus gut sichtbar sind (siehe S. 30).

**Für Realisierer:** Hohe, dicht geschlossene Hecken vermitteln schnell eine bedrückende Atmosphäre. Vor allem bei kommunikativen Menschen, die sich gerne austauschen, gibt es viele kreative Ideen, um eine vielleicht zu hoch gewordene Hecke zu beleben. Eine schwungvolle Hecke bietet eine neue Perspektive: Bestimmte Teile des Gartens werden hervorgehoben und andere Bereiche bleiben unsichtbar. Damit schafft man interessante Aussichten für sich selbst oder Einsichten für andere Gartenbewunderer, sodass manch schöner Austausch stattfinden kann.

**Für Entdecker:** Grüne Gartenfenster verschaffen schöne Ausblicke und nette Einblicke. Mit einjährigen Rankpflanzen, zum Beispiel mit schmackhaften Feuerbohnen und ihren attraktiven, leuchtend roten Blüten, können Sie vorab im Blumenbeet experimentieren. Mit Bambusstangen kann auf einfache Art und Weise ein Rankgerüst gebaut werden. Der schöne Nebeneffekt der Bohnen: Die Blumen und Stauden profitieren von der zusätzlichen Düngergabe, die die Bohnen als Stickstofffixierer so bereitwillig abgeben.
Wenn die Entdeckerfreude an Gartenfenstern geweckt ist, bietet sich ein dauerhafteres Projekt an: Die bei Vögeln beliebte Hainbuche kann im Garten neue Gartenräume mit Ausblick entstehen lassen. So kann man während der Gartenarbeit die Vögel beobachten und den fröhlichen Gesang genießen.

## Die richtige Heckenpflanze

Bei der Auswahl von Hecken- oder Formschnittgehölzen sollten Wuchsverhalten und Ansprüche der Pflanzen beachtet werden. Eine Raketen-Thuja beispielsweise wächst, wie der Name schon sagt, raketenartig schnell. Hiermit erzielt man zwar schnelle Sichtschutz-Erfolge, aber man muss auch bis zu dreimal schneiden im Jahr. Thuja und Zypresse geben zwar Schutz, können Vögeln und Insekten aber keine Nahrung liefern. Zu bevorzugen sind standortgerechte Pflanzen, die der hiesigen Tierwelt Nahrung und Unterschlupf bieten. Interessante Gartenbilder, die der heimischen Tierwelt beides liefern, ergeben zum Beispiel Kornelkirschen, Eiben und Hainbuchen.

WENN DU EIN GÄRTCHEN HAST UND EINE BIBLIOTHEK, SO WIRD DIR NICHTS FEHLEN. Cicero

# Die Energie des Gartens

Energie kann durch ganz unterschiedliche Möglichkeiten auf- und abgebaut werden. Wichtig im Garten sind Lieblingstätigkeiten oder Lieblingsplätze, die man oft schon mit kleinen Eingriffen ermöglichen oder gestalten kann. Plätze, die einem Kraft und Energie geben, können entdeckt, angehoben, vervollständigt oder hervorgehoben werden. Wer Sitzplätze oder Lieblingsplätze mit unterschiedlicher Ausstrahlung in seinem Garten erschafft, kann, je nach Stimmung, wählen, was ihm heute gut tut.

Wichtig für diese Plätze ist, dass sie einem das Gefühl von Sicherheit vermitteln. Wir lieben es, Schutz in unserem Rücken zu haben. Erst dann fühlen wir uns richtig wohl und können entspannen. Perfekten Schutz bietet ein Sitzplatz im Garten, der mit einer im Halbkreis angeordneten Steinmauer umbaut ist. Steine vermitteln Festigkeit. Wenn der Sitzplatz so gewählt wurde, dass die Steine möglichst viel Sonne erhalten, speichern diese die Wärme und man kann abends nach Sonnenuntergang länger dort verweilen. Wer Fugen für Pflanzen zur Verfügung hat oder Teile als Trockensteinmauer setzen lässt, kann die positive Energie und Lebendigkeit des Platzes dadurch steigern. Pflanzen, die Bienen eine Nahrungsquelle bieten, wie Fetthennen, sorgen für beruhigendes Summen, das einen selbst zur Ruhe kommen lässt. Hauswurze fühlen sich in den Fugen wohl. Lavendel wächst ebenfalls gern in Trockensteinmauern. Sein beruhigender Duft und die violettblauen Blüten vermitteln ein angenehmes Gefühl. Durch ihn angelockte Schmetterlinge bringen die Leichtigkeit des Seins in den Garten. Heilkräuter wie Johanniskraut ergänzen die Garten-Hausapotheke, Rosmarin und Thymian sorgen für würzige Beigaben. Durch die Wärme, die sie hier tanken können, entwickeln sie viel Geschmack. Schön anzusehen ist auch der Römische Ampfer. Er besitzt türkisfarbene, schildförmige Blätter, die lecker schmecken: Wir verwenden sie in Salaten als Zitronennote.

An der offenen Seite des Steinhalbkreises kann ein Wasserbecken oder ein Brunnen belebende Kraft bieten, sodass wir an diesem Sitzplatz das Gefühl von Sicherheit, Ruhe und Entspannung erhalten und durch das sprudelnde Wasser neue Ener-

*Steine speichern die Wärme der Sonnenstrahlen und bieten viele Einsatzmöglichkeiten im Garten.*

gie tanken. Spitz zulaufende Gegenstände sollten vermieden werden, da sie Energie rauben können. Ein runder Tisch oder ein Tisch mit abgerundeten Kanten ist beispielsweise besser als ein eckiger Tisch.
Sehr wohltuend für die Seele ist der Einsatz der eigenen Lieblingspflanzen. Hier müssen natürlich die Standortbedürfnisse der Pflanzen berücksichtigt werden, damit diese auch gut gedeihen. Sollten diese Pflanzen partout nicht wachsen wollen, gibt es fast immer die Möglichkeit, sie durch andere zu ersetzen, die ähnliche Blüten, Blattformen oder Strukturen besitzen. Hauptsache, man ist von Pflanzen und Dingen umgeben, die man liebt.

## Die Sprache des Gartens

Früher gab es eine sogenannte Blumensprache. Jede Blume hatte eine Bedeutung und Blumensträuße wurden zu heimlichen Liebesbriefen. Diese Zeiten sind vorbei, aber so manch eine Blume spricht auch ohne Übersetzung eine klare Sprache. Zum Beispiel das Tränende Herz *(Dicentra spectabilis)*, auch Flammendes Herz oder Herzerlstock genannt: Die Form seiner rosaroten Blüten gleicht einem kleinen Herz. Es wurde schon immer mit Liebe und Zuneigung verbunden und seine Blüten galten als Zeichen für Freudentränen.
Ein Garten ist auch eine Art der Kommunikation mit sich und anderen. Hier kann man mit Farben und Formen sprechen, mit Materialien, Düften und Geräuschen. Eine bewusste Gestaltung für die Sinne ist eine Sprache ohne Worte und erreicht uns direkt. Auch kleine Dinge können eine große Wirkung zeigen, so wie ein junger Baum auch einen großen Schatten werfen kann.

## Ein Garten, der Entspannung lehrt

Panta rhei, „Alles fließt“, sagte schon der griechische Philosoph Heraklit, als er versuchte, die Prinzipien der Natur und der Energieflüsse darzustellen. Lässt man alles fließen und erlebt die Jahreszeiten im Garten intensiv, können andere,

*Geräusche, Farben, Formen und Gerüche wirken auch unbewusst auf uns. Sie beeinflussen unser Wohlbefinden. Werden sie gezielt in die Gestaltung eingebunden, können zum Beispiel Energiequellen oder Entspannungsoasen entstehen.*

*Links: Farne und Blaustern* (Scilla) *– eine perfekte Kombination für schattige Stellen.*
*Rechts: Moosgarten mit Stein-Brunnen, eingerahmt von einer Hortensie* (Hydrangea macrophylla *'Schneeball'), Funkien* (Hosta) *und Seggen* (Carex oshimensis *'Everest' und* Carex siderosticha *'Island Brocade'). Im Vordergrund wächst Sternmoos* (Sagina *'Irish Moss' und 'Scottish Moss', den Hintergrund bilden Farne und Geißbart* (Aruncus).

DAS GEHEIMNIS DER GUTEN MISCHUNG: WER DEN LEISTUNGSDRUCK AUS DEM GARTEN NIMMT, DER KANN UNBEIRRT VON MODEN DAS WUNDER DER ENTWICKLUNG UND ENTFALTUNG GENIESSEN. ER KANN DIE KUNST DER AUSGEWOGENHEIT ZWISCHEN ZULASSEN UND DEM SETZEN VON GRENZEN ERLERNEN. Sibylle K. Maag

neue, spannende Möglichkeiten des Gärtnerns entstehen. Wer sich nicht nur auf Blütenpracht in seinem Garten konzentriert, sondern auch auf die Formen der Pflanzen, der entdeckt, dass der große Laubbaum mehr ist als ein Schattenspender und dass im Garten jedes Jahr aufs Neue ein interessantes Zusammenspiel von Schönheit und natürlichen Kreisläufen entsteht.

**DER LAUF DER JAHRESZEITEN** Auch die schattigen Bereiche unter einem Baum können genutzt werden. Kurz nach den heiß ersehnten Blüten der Frühlingsblüher rollen sich die Schmuckfarne anmutig auf, während der Blaustern, mit seinen für Hummeln interessanten Blüten, die blaue Stunde des Frühlings einläutet. Etwas später begrüßt die durch den Garten wandernde Akelei an den sonnigeren Fleckchen den Frühsommer und ergibt mit Funkien ein abwechslungsreiches Bild. Am Sitzplatz, unter dem lichten Schatten des Laubbaumes, kann man beobachten, wie sich die Pflanzenwelt verändert. Im Herbst kehrt dann langsam Ruhe ein, nun punkten die Blattstrukturen der Funkien und Farne, die das einziehende

## Ohne Moos nichts los

Bei vielen Gartenthemen hilft es, den Blickwinkel zu verändern und hinter die Kulissen zu schauen: Ein sattgrüner Rasen gehört in vielen Gärten dazu. So mancher stolze Rasenbesitzer freut sich wenig über Moos im Rasen: Es wird vertikutiert, gekalkt und – mit sogenannten Moosvernichtern – eliminiert. Allerdings muss man wissen, dass das Moos den Rasen nicht verdrängt, sondern dass der Standort für Gras einfach zu schlecht ist oder sich verschlechtert hat. Die Moospflanzen nutzen die frei gewordene Nische. Beim Vertikutieren entfernt man zwar das Moos, bietet dadurch aber trotzdem keine besseren Bedingungen für gutes Rasenwachstum. Rasen verschmäht verdichteten Boden, Staunässe und saure Böden. Damit ein Rasen gut wächst, braucht er Humus und – je nach Rasensorte – mehr oder weniger Sonne. Wer diese Bedingungen an manchen Stellen in seinem Garten nicht bieten kann, findet in Moos eine gute Alternative: Diese kleine, unterschätzte Pflanze hat bereits Gärten weltberühmt gemacht. Die wohl bekanntesten Moosgärten der Welt befinden sich in Japan.
Für alle Moosgärten gilt: Moos wächst besonders bereitwillig bei hoher Luftfeuchtigkeit. Eine kleine Wasserstelle, beispielsweise ein Brunnen oder eine Vogeltränke, ist hübsch und nützlich. Für größere Bereiche bietet sich ein Quellstein an, der sein sprudelndes Nass in einen Bach und weiter, vorbei an Moosstreifen und Kiesweg, in einen Gartenteich fließen lässt.

**Moosgarten für Design-Fans**

Wie wäre es mit einer modernen Interpretation eines Japangartens mit interessanten Materialzusammenstellungen? Ein Moosstreifen, auf dem man herrlich barfuß laufen kann, mit exakten Übergängen zu einem Kiesbereich, der die Füße stimuliert, bis man die dort befindlichen Sitzblöcke erreicht hat, um dann wiederum mit exakter Abgrenzung zu einem gut wachsenden Rasenbereich zu leiten.

**Moosgarten für Realisierer**

Ein kleiner, japanischer Moosgarten mit Steinlaterne lässt sich überall integrieren. Ein kleinbleibender, horstbildender Bambus fühlt sich hier ebenfalls wohl, empfehlenswert sind die Sorten *Fargesia murielae* 'Bimbo' mit einer Höhe von etwa 1,50 m oder 'Simba', die ca. 2 m hoch wird. Sie benötigen keine Rhizomsperre. Die sich im leichten Wind wiegenden Halme des Bambus ergänzen sich hervorragend mit Moosen und dem romantischen Licht einer Laterne. Wer ein größeres Projekt in Angriff nehmen möchte, kann sich als Abgrenzung zum restlichen Gartenteil für ein Mondtor entscheiden, das die unterschiedlichen Gestaltungen einrahmt und voneinander trennt.

**Moosgarten für Entdecker**

Es gibt Hunderte von Moosarten, die man entdecken kann. Für eine Gestaltung im Garten finden sich Inspirationen bei Spaziergängen in lichten Wäldern. Wer hier beobachtet, unter welchen Bedingungen Moos am besten wächst, findet in Wurzeln, Steinen und dem hübschen Leberblümchen schöne Begleiter für eine naturhaft anmutende Kulisse. Kombiniert mit Farnen und Funkien ergibt sich ein abwechslungsreiches und harmonisches Bild. Dazwischen gepflanzte Frühlingsblüher wie blau blühende, zarte Blausternchen und Schneestolz mit blau-weißen Blüten breiten sich selbst aus und zaubern verträumte Bilder in den Moosgarten.

*Beliebter, aber inzwischen seltener Gast in den meisten Gärten, der Schwalbenschwanz.*

Laub der Blumen verdeckt haben. Das Blatt des Baumes färbt sich bunt und es duftet herrlich nach Wald. Langsam fallen die Blätter – sie schützen über den Winter die Pflanzen und bilden neuen Boden für ein weiteres Jahr. Der Kreislauf der Jahreszeiten beginnt aufs Neue.

**DIE NATUR VERSTEHEN UND NUTZEN** Wenn im schönen Rasen Maulwurfshügel wachsen: Nicht ärgern, nutzen! Im Winter, wenn der Maulwurf im Garten seine Hügel Richtung Himmel baut und dabei den Boden in tieferen Schichten durchpflügt, stellt das eine vom Gärtner ungeplante Dränage dar. Das scheue Tier mit dem samtweichen Pelz, den winzigen Augen und den großen Grabschaufeln leistet tatsächlich einen gewissen Anteil an der Bodenbildung. Nebenbei begünstigt er die Durchlüftung und verfrachtet humusfreien Unterboden nach oben. Wer dann, bevor die Maulwurfshügel zur Stolperfalle werden, diese nährstoffarme Erde, mit etwa einem Drittel Kompost und einem Drittel Sand mischt und für die Anzucht seiner Jungpflanzen verwendet, bietet ihnen einen guten Grundstock für gesundes Wachstum.

## Tiere beleben den Garten

Jeder hat Erinnerungen, die er mit bestimmten Erlebnissen verbindet. Ein wunderbares Beispiel hierfür ist von Schmetterlingen und Bienen umschwirrter Lavendel.

**ROSENTRÄUME** Rosen und Lavendel gelten seit langer Zeit als optimale Partner. In vielen Gärten wird man diese Komposition jedoch so nicht finden. Lavendel hat andere Bodenansprüche als Rosen. Er gedeiht in weniger nährstoffreichen, steinigen und wasserdurchlässigen Böden. Im Gegensatz dazu bevorzugen Rosen als ursprüngliche Waldrandbewohner eher humosen, gut gedüngten Boden. In Gärten mit schwerem Lehm-Ton-Boden – wie er auch in meinem Garten vorkommt – lassen sich Rosen gut innerhalb der Beete anpflanzen, während der Lavendel einen Platz in einem mit Steinen und Sand abgemagerten Bereich des Gartens erhält. So können beide uns und die Insekten betören.

Nützlinge bevorzugen halbgefüllte oder offene Blüten. Stark gefüllte Blumensorten bieten keinen oder nur sehr wenig Pollen und Nektar. Erfreulich, dass es im Rosensortiment nicht nur herrlich strahlende Farben, sondern auch ganz unterschiedliche Blütenformen gibt. Hier lassen sich für jeden Gartentyp herrlich duftende Rosen in allen Farben und Formen finden. Wenn die Wahl ab und zu auf eine stark gefüllte, duftende Rose fällt, ist das für die Insekten jedoch sicher zu verschmerzen. Mit einer guten Mischung kann man bei entfachter Rosenlust den Wildbienen und anderen Insekten bei der Suche nach Nektarquellen behilflich sein und gleichzeitig in verschwenderischen Düften schwelgen.

Als guter Partner für Rosen und Nützlinge hat sich auch die Schafgarbe erwiesen. Hier finden sich gern Florfliegen, Schwebfliegen und Marienkäfer ein, die viele Schädlinge vernichten.

**TIERE IN DEN GARTEN LOCKEN** Igel nehmen im Herbst gern trockene Höhlen am Boden an, von der umgedrehten Obstkiste bis zur liebevoll gezimmerten Igelburg. Sparen Sie sich doch einfach im Herbst die Arbeit und lassen Sie in einer ruhigen Ecke einen Laub- und Reisighaufen über den Winter liegen. Mit etwas Glück zieht ein Igel oder sogar ein Hermelin oder ein Mauswiesel ein, das dann die Wühlmäuse in Schach hält. Vielen weiteren Tieren und Insekten tut man einen Gefallen, wenn man im Herbst etwas Laub und Zweige auf Staudenbeeten oder unter Hecken als Überwinterungsschutz liegen lässt. Ein Steinhaufen bietet Unterschlupf für Erdkröten, Spitzmäuse und Eidechsen. Daneben dient ein Miniteich in Form eines bodeneben eingesenkten Bottiches oder etwas Teichfolie belegt mit Steinen als Nützlingstränke. Ein Brettchen oder ein Ast als Hilfe zum Herausklettern ist bei steilen Wänden wichtig.

**EIN PLATZ FÜR EIDECHSEN** Der schmucke Salbei lässt sich dank seiner silbrig grünen Blattfarbe und seiner lanzettlichen Blätter vielfältig einsetzen. Er ist sehr wüchsig und bietet einen schönen Beetabschluss. Der Name Salbei (lat. *salvare* = heilen) bezieht sich auf den für Küche und Medizin einsetzbaren Echten Salbei *(Salvia officinalis)*. Er liebt sonnige Beete mit Steinen, hier findet er die Wärme, die er benötigt, um seine ätherischen Öle voll ausbilden zu können. Eidechsen fühlen sich in seiner Nähe pudelwohl und genießen den Schutz und die Wärme. Sie verschwinden flugs in seinem dichten Bewuchs und finden einen samtenen Unterschlupf.

**SCHMETTERLINGSPARADIESE** Es gibt noch einen wesentlich selteneren Gast, der auch sonnige und offene Gelände liebt. Wer dann noch einen opulenten Gewürzfenchel als Lockmittel einsetzt, der mit seiner mannshohen Erscheinung von Weitem sichtbar ist, hat nicht nur ausreichend Tee und Blätter für leckere Fischgerichte, er kann auch das große Glück haben, einen der selten gewordenen Schmetterlinge anzulocken: Der Schwalbenschwanz ist einer der größten und auffälligsten Tagfalter des deutschsprachigen Raumes. Seine Raupen lieben das Kraut von Fenchel, Möhren, Dill und Pastinake. Lassen Sie den Fenchel und ein paar Pastinaken-Pflanzen als Unterschlupf für viele Nützlinge über Winter stehen.
Wer Schmetterlinge genießen möchte, muss auch den Raupen Schutz und Futter gewähren, sonst kann er sich nicht an den hübschen Gauklern der Lüfte erfreuen. Ein paar Fraßspuren gehören also mit dazu. Allzu eifrige Ausräumaktionen führen dazu, dass die überwinternden Puppen mancher Falterarten zerstört werden oder gar, wie bei Zitronenfaltern, die weiblichen Exemplare getötet werden, weil sie leicht mit den Kohlweißlingen verwechselt werden.

*Auch Maulwürfe tragen zur Gartenarbeit bei. Früher war Maulwurfserde sehr begehrt für die Jungpflanzenanzucht.*

## Gute Raupenfutterpflanzen

**Schwalbenschwanz:** Dill, Kümmel, Fenchel
**Aurorafalter:** Wiesenschaumkraut, Kresse
**Distelfalter, Kleiner Fuchs, Admiral, Tagpfauenauge:** Brennnessel
**Trauermantel:** Weide, Birke
**C-Falter:** Weide, Ulme, Brennnessel, Johannisbeere

## Nektarspender

**Februar:** Winterling, Schneeheide
**März / April:** Krokus, Anemone, Veilchen
**April / Mai:** Schlüsselblume, Silberblatt, Petunie
**Mai / Juni:** Spornblume, Levkoje, Thymian, Nelke, Jelängerjelieber, Seifenkraut, Nachtkerze
**Juli / August:** Phlox, mehrjährige Sonnenblumen, Sonnenhut, Lavendel , Sommeraster
**August / September:** Fetthenne
**September / Oktober:** Aster

## Wandel und Entwicklung – Bäume für die Zukunft

**BAUMGESCHENKE** In manchen Regionen legen immer mehr Städte und Gemeinden Flächen an, in denen Hochzeitspaare einen jungen Baum pflanzen können. Eine Tradition, die viele Menschen wieder für sich entdecken. Diese sogenannten Hochzeitshaine bieten Städte und Gemeinden an, um die Verbundenheit der Menschen mit ihrer Region zu fördern. Selbst wenn Menschen später wegziehen, bleibt mit dem Baum etwas von ihnen zurück. Eine wunderbare Entwicklung, die zeigt, wie verbunden wir doch mit Wachstum, Entwicklung und dem Wunsch nach Beständigkeit sind.

Wer sich an seine ersten zaghaften Schritte als Gärtner oder Gärtnerin erinnert und einen weiteren alten Brauch beleben möchte, verschenkt einen Apfel- oder Birnbaum zur Geburt eines Kindes oder zur Hochzeit. Der Baum wächst gemeinsam

IM KLEINSTEN RAUM, PFLANZ EINEN BAUM UND PFLEGE SEIN. ER BRINGT'S DIR EIN. Johann Wolfgang von Goethe

*Junge Obstbäume stehen nicht gern umwachsen von Gras. Mischkulturen unter Obstbäumen unterstützen die Fruchtbarkeit des Baumes und bieten Nützlingen Schutz und Nahrung.*

## Obstbäume ohne Schnitt

Nicht jeder Gartenbesitzer kennt sich mit Obstbaumschnitt aus. Darum haben wir mittelgroße Apfelbäume entwickelt, die man nicht schneiden muss. Darunter auch sogenannte Familienbäume, die mehrere Apfelsorten auf einem Baum tragen. Die Früchte reifen nach und nach – von Frühsommer bis Herbst. Das lässt das Gärtnerherz höher schlagen.

mit dem Kind oder dem jungen Paar heran. Bei den früher großen Obstbaumsorten trugen diese dann zur Einschulung des Kindes das erste Mal Früchte. Heute gibt es kleinbleibende Sorten, die uns schon eher schmackhafte, gesunde Früchte schenken. Ein schöner Brauch – schließlich heißt es so trefflich „an apple a day keeps the doctor away".

Es bieten sich viele schöne Gelegenheiten, einen Baum zu verschenken. Da es heute Züchtungen gibt, die sogar in Pflanzgefäßen gut wachsen, z.B. Säulenäpfel, gibt es für jede Gartengröße und fast jeden Standort das passende Baumgeschenk. Lange Freude ist garantiert.

Bei der Auswahl von Apfel und Birnenbäumen sollte, gerade wenn ein Garten neu angelegt wird, auch auf die endgültige Größe der Gehölze geachtet werden. Da Birnen nicht selbstbestäubend sind und wärmere Gegenden bevorzugen, empfiehlt sich ein Birnen-Duo als Spalierbaum: Hier wachsen zwei Birnensorten auf einem Baum, die sich gegenseitig befruchten, und die Früchte profitieren außerdem von der Wärme der Wand. Empfehlenswerte alte Tafelbirnen sind 'Gute Luise' und 'Conférence'. Bei Äpfeln ist man weniger auf warme Standorte angewiesen. Geeignet sind mittelgroße Obstbäume, sogenannte Halbstammbäume, die unterpflanzt werden können – hier kann dann auch ohne Leiter geerntet werden. Auch Apfelbäume benötigen den richtigen Bestäubungspartner. Empfehlenswerte historische Apfelsorten sind 'Prinz Albrecht' und 'Kaiser Wilhelm'. Beide werden von der im Standardsortiment befindlichen Sorte 'Goldparmäne' bestäubt.

*Beim Pflanzen der Obstbäume wird der Wurzelballen gelockert, damit er gut anwächst. Pflanzzeit für Bäume im Topf ist vom Frühling bis zum ersten Frost.*

# Pflanzenbedürfnisse – was wächst wo und warum?

Man wächst an seinen Aufgaben und auch der Garten reift mit seinen Besitzern mit. In der Zwischenzeit wächst auch der kleine Baum zu einem jungen, blühenden Wunder heran, während die Interessen seines Besitzers neue Wege gehen, vielleicht in Richtung Blumenbeete oder eigenem Gemüse. Das kleine Baumgeschenk entfachte unter Umständen den Beginn einer neuen Leidenschaft: die Beschäftigung mit dem Garten und seinen vielfältigen Genüssen. Ist die neue Leidenschaft erwacht, kommt es oft vor, dass man sich Pflanzen wünscht, mit denen man noch keine Erfahrungen gemacht hat. Um von Anfang an gute Ergebnisse zu erzielen, ist es wichtig, Kenntnisse darüber zu erhalten, was wo und warum wächst. Oft ist es trotz der Standortangaben auf dem Pflanzenetikett nicht einfach, den richtigen Platz im Garten zu finden.

Mein Tipp: Wer ein Pflanzenbestimmungsbuch zu Hilfe nimmt, z.B. Was blüht denn da?, kann anhand der Wildkräuter in den Gartenbeeten feststellen, welche Wildpflanze sich dort wohlfühlt. Die Wildpflanzen dienen als sogenannte Zeigerpflanzen. Brennnesseln kommen auf nährstoffreichen Böden vor, Giersch liebt nahrhafte, feuchte, schattige Stellen, Löwenzahn findet man eher auf schweren Böden und Spitz-Wegerich an trockenen Stellen. Bei mir hat sich in den letzten Jahren die Knoblauchsrauke angesiedelt und verbreitet. Sie gehört zu den Kreuzblütengewächsen und kommt an Waldrändern, in lichten, feuchten Wäldern und Gebüschen und an Wegrändern vor. Sie liebt lockeren, durchlässigen, nährstoffreichen und stickstoffhaltigen Boden. Das ist eine wunderbare Aussage über den Standort und den Zustand der Beete. Jetzt kann ich das Wildkraut, wenn ich möchte, auch gut gegen andere Kreuzblütler, z.B. Kohlarten, austauschen ohne viel am Boden verändern zu müssen, da diese die gleichen Bedingungen mögen. Auf dem Etikett der gekauften neuen Pflanzen steht auch der botanische Name, sodass sich die Zuordnung zur Pflanzenfamilie leicht herausfinden lässt. So schlägt man zwei Fliegen mit einer Klappe: Man erfährt etwas über den Zustand des Bodens und erhält durch die Wildkräuter Pflanzempfehlungen. Allerdings sind unsere Kulturpflanzen nicht so robust wie Wildkräuter – eine weitere Bodenpflege ist also empfehlenswert. So manche Pflanze ist jedoch anpassungsfähiger als gedacht und überrascht mit ihrem selbstgewählten Standort. Nicht selten zeigt sich eine Pflanze an einer ungewöhnlichen Gartenstelle und gedeiht dort prächtig, nachdem man an anderer Stelle jahrelang vergeblich versucht hat, sie mit Geduld und Liebe zum Wachsen zu bringen. So wächst zum Beispiel die beliebte, nussig-würzig schmeckende Rucola in einem humosen, sonnigen Beet wunderbar. Wandert sie plötzlich in den sandigen Untergrund des Weges und taucht zwischen den Fugen auf, bringt sie dort ihr feurig-pfeffriges Element zur Geltung. Wandert sie jedoch in ein Schattenbeet

## Im Garten ist Geduld gefragt

Wer kennt nicht die Liebe auf den ersten Blick, die einen auf Gartenausstellungen immer wieder aufs Neue erwischt, wenn man einen hübschen Schatz für den Garten entdeckt. Mir erging es so mit einer Prachtkerze. Dieses anmutige und elegante Blühwunder mit ihren an Schmetterlingen erinnernden Blüten bereichert den Garten von Mai bis zum Frost. Zu Hause wollte der Gartenneuling nicht gedeihen, trotz gründlicher Standortwahl und liebevoller Pflege. Ich hatte irgendwann aufgegeben, aber nach ein paar Jahren bekam ich ein überraschendes Geschenk: In einem Topf im Garten wuchs etwas Unbekanntes und Unscheinbares heran. Da mich Blattstrukturen interessieren, pflanzte ich es an den Rand eines Beetes, um zu beobachten, was sich daraus entwickeln würde. Seit Jahren nun erfreut mich dieses „Unkraut“ mit seinen 1,50 m hohen Prachtstengeln: eine Prachtkerze in Rosa.

aus, bleibt sie lange mild im Geschmack. Drei ganz unterschiedliche Standorte für eine Pflanze: Ihre geschmacklichen Qualitäten hängen von Boden, Wasser, Licht und Wärme ab. Auch diese Eigenart kann man für sich nutzen. Wer Rucola im Salat liebt, kann sie in einem sonnigen Beet anbauen, um sie früh zum Wachstum anzuregen und bald die erste Ernte zu genießen. Im Schatten benötigen die Pflanzen länger, bis sie erntereif sind, aber sie bleiben hier auch länger zart und verlängern die Erntesaison.

## Gartenbilder, die von alleine entstehen

Überraschende Gartenbilder können durch wandernde Pflanzen geschaffen werden. Dynamik und Zufall spielen in so manch einer Gartenkomposition dem Gärtner oftmals in die Hände. Warum also nicht aktiv mit dem Zufall spielen und mit freimütig wandernden Gartenpflanzen jedes Jahr neue Bilder in den Beeten weben. Zwischen den mehrjährigen, oft standorttreuen Stauden, findet sich gerade in den ersten Jahren noch ausreichend Platz, denn die Stauden müssen ihr Beet erst einmal erobern. Ein- und zweijährige Blumen, die sich gern selbst versamen, wie die wohlriechende Bart-Nelke, die zarte Jungfer im Grünen oder die imposante Königskerze, lassen sich wunderbar dynamisch mit den Stauden kombinieren. Gleichzeitig kann man so dem Unkraut ein Schnippchen schlagen. Genießen Sie die mit den Jahren wechselnden Gartenbilder, Überraschung vorprogrammiert, und lassen Sie sich für das Folgejahr inspirieren.

**Für Design-Fans:** Klare Linien sind gefragt. Nicht jedes Pflänzchen, das sich bereitwillig aussät, ist auch an jedem Platz willkommen. Mit von niedrigen Hecken eingefassten Gräsern lässt sich jedoch eine Gestaltung realisieren, die Statik

*Mit sich selbst aussäenden Pflanzen entstehen erstaunliche Gartenbilder. Hier kann man sich entspannen, während man dem Garten beim Wachsen und Mitgestalten zusieht.*

## Inspiration ernten

In unserem Gelände hatten wir eine wunderschöne Beetgestaltung in Orange- und Rottönen arrangiert, die feurige Kraft und Energie vermitteln sollte. Wir setzten jedes Jahr weitere schöne Pflanzen in roten und orangen Tönen dazu und jedes Frühjahr spitzte eine einzige violette Tulpe aus diesem Beet. Jedes Jahr setzte ich sie in ein dafür abgestimmtes Farbbeet und im nächsten Jahr spitzte wieder eine neue violette Tulpe aus diesem orangeroten Beet. Irgendwann sah auch ich, wie wunderschön kontrastreich das Orange mit diesem außergewöhnlichen Violett wirkte und ließ die Tulpe stehen. Ohne den violetten Farbklecks war die Gesamtwirkung bei Weitem nicht so interessant.

und Dynamik zu einem klaren und bewegenden Bild reifen lässt. Bereitwillig sich selbst aussäender Zierlauch wie der Purpur-Kugellauch *(Allium aflatunense)* bringt Rhythmus ins Gräsermeer und setzt vertikale Akzente. Frühe Gräser wie die Schmielen *(Deschampsia)* blühen, wenn die Zierlauchzeit beginnt, spät blühendes Chinaschilf bietet den Zwiebelpflanzen einen Rahmen aus frisch austreibendem Grün. Man ermöglicht die Selbstaussaat, indem man die Samenstände an den Pflanzen belässt, bis sich die Kapseln öffnen und zu Boden fallen. In der Beetmitte bietet sich Platz für das Silberblatt, von dem man in dieser Gestaltung nie genug haben kann: Es lockt mit seinen violetten Blüten Schmetterlinge an und bietet mit seinen silbernen Samenständen auch im Winter noch lange ein attraktives Bild in einer sonst sehr ruhigen Gestaltung.

**Für Realisierer:** Ein Beet in sonniger Lage bietet die Möglichkeit für ein buntes Blütenmeer. Zu den Pflanzen, die sich bereitwillig zwischen den mehrjährigen Stauden aussäen, zählen Lanzen-Eisenkraut, Prachtkerze, Spornblume, Sonnenhut, Pfirsichblättrige Glockenblume, Jungfer im Grünen, Zierlauch sowie – in den halbschattigen bis schattigen Bereichen – das Silberblatt. Wer ein interessantes Bild erschaffen möchte, setzt im Beet Akzente durch immergrüne Formen, die regelmäßig erscheinen und dem Auge Ruhe bieten wie Buchskugeln oder Eibensäulen. In Kombination mit Stauden in sommerlichem Rot, Gelb und Orange ergibt sich ein abwechslungsreiches Zusammenspiel. Die Violett- und Blautöne der sich selbst aussäenden Blütenwunder bringen die Blütenfarben der Stauden erst so richtig zum Strahlen.

**Für Entdecker:** Blackbox Gardening – ein unkonventioneller Gartenplaner hatte die Idee zu diesem Namen, als er über das spannende Gärtnern mit sich selbst versamenden Pflanzen

*Die Samen des Silberblattes* (Lunaria) *zeichnen sich im Gegenlicht gut ab. Wenn sie freigegeben werden, bleibt die dann silberfarbene Hülle übrig.*

*Moderne dynamische Rabatte: Gestaltungen mit Stauden und sich selbst aussäenden Blumen haben fließende Übergänge, die oft an Wildblumenwiesen erinnern.*

schrieb. Der Name steht für ein System, das nur von außen betrachtet wird. Übertragen heißt das, Pflanzen ansäen, die als geeignet für den Standort gelten, oder wenige Initialpflanzen setzen, die sich gern aussäen, und dann abwarten, was passiert. Am besten umsetzbar ist dies nach der Anlage eines Magerstandortes z. B. eines Kiesbeetes. Hier fühlen sich anspruchslose Pflanzen wohl wie Schafgarbe, Hasenohr, Färberkamille, Kalifornischer Mohn, Kugelköpfiger Lauch, Wiesen-Storchschnabel, Königskerze, Wilde Karde, Zierlaucharten, Rotblättriger Fenchel und Meerkohl. Als dekorative Beetgrenzen oder als Einfassung finden Lavendel, Teppich-Phlox, Woll-Ziest, Grasnelken oder Mauerpfeffer ihren Platz. Die Pflanzen wandern – jedes Jahr entstehen neue Bilder und Kompositionen. Wichtig ist, rechtzeitig das sprießende Unkraut zwischen den sich aussamenden Schätzen zu erkennen. Anfänger beginnen am besten mit Arten, die sie schon als junge Pflanze erkennen, um rechtzeitig eingreifen zu können.

WER SICH DIE ZEIT NIMMT, DER ENTDECKT: DER GARTEN GESTALTET SELBST MIT. Sibylle K. Maag

# Lieblingsplätze
## im Garten

Die Gestaltung von Lieblingsplätzen bringt Abwechslung in den Garten, denn jeder dieser Plätze erfüllt unterschiedliche Ansprüche. Mal darf es laut und lustig zugehen, mal wünscht man sich Ruhe zur inneren Einkehr. Auch ein Raum für die persönliche Bastelecke im Freien kann für ganz neue Kreationen sorgen.

# Ein Platz zum Essen, Reden und Feiern

Es ist herrlich, Plätze im Garten aufzusuchen, die uns, je nach Stimmung, erden, Kraft geben oder für neue Inspiration sorgen. Ein Sitzplatz als Treffpunkt für Familie und Freunde kann mit unterschiedlichen Materialien, Düften, Geräuschen und Farben gestaltet werden. Die Materialien und Farben wirken unbewusst auf uns. In der Gestaltung sind nicht nur die Beetpflanzen mit ihrer Farbwirkung interessant, sondern auch die Farben der Materialien, mit denen wir uns umgeben.
Weil Blau erfrischend wirkt und in Kombination mit silbernem Metall Kühle und Härte ausstrahlt, wird diese Empfindung unbewusst erwartet, und es kann deshalb zu Überraschungen führen, wenn das Metall, aufgeheizt durch die Sonne, bei Berührung ganz andere Signale schickt.

Geschickt eingebunden in die Gartengestaltung können uns die Farb- und Materialwahl dabei unterstützen, kalt anmutende Ecken wärmer und somit gemütlicher zu gestalten. Hier sind Rot, Orange und Gelb in Kombination die Farben der Wahl. Holz und Steine unterstützen die Wirkung. Wenn es dann abends kälter wird, kann ein Wärmestrahler zum Einsatz kommen. Auch ein gemauerter Kamin kann die schöne Zeit im Freien verlängern. Fern ab von der Terrasse benötigt man keinen Strom, um für Wärme und Gemütlichkeit zu sorgen: Die Farben Rot und Gelb finden sich auch am wärmenden Lagerfeuer wieder.
An einem Platz im Garten mit einer großen Feuerschale kann man mit Familie und Freunden gemeinsam den Nachthimmel

## Wie Farben wirken

Wir verbinden mit jeder Farbe vielfältige Erfahrungen. Farben können unbewusste Assoziationen und Reaktionen auslösen und sie können sich gegenseitig verstärken. Da der Mensch individuell ist und unterschiedliche Erfahrungen macht, entscheidet das Bauchgefühl am Ende am besten, welche Farben uns gut tun.

- **Rot:** Die Farbe der Leidenschaft wirkt stimulierend und aktivierend. Die Farbe regt an, kann aber bei zu starkem Gebrauch Unruhe auslösen.
- **Orange:** Die Farbe Orange wird mit Vergnügen, dem Lustigen und der Geselligkeit verbunden. Sie fördert Freude, wirkt aufbauend und leistungssteigernd. Sie weckt sogar die Arbeitsfreude. Rot-Orange und Gelb bilden den Farbdreiklang der Energie.
- **Gelb:** Als Sonnenfarbe vermittelt Gelb Heiterkeit. Die Farbe wirkt aufmunternd. Gelb ist die leichteste der bunten Farben und wirkt nervenstärkend. Sie unterstützt geistige Tätigkeiten, fördert die Konzentration und den Lerneifer.
- **Grün:** Die meisten Menschen verbinden die Farbe Grün mit der Hoffnung. Sie ist die Farbe des Wachstums. Geschmacklich wird sie mit bitter oder herb gleichgesetzt. Grün wirkt für fast jeden Menschen beruhigend.
- **Blau:** Die Farbe der unbegrenzten Dimensionen ist Blau. Sie vermittelt Ferne, Weite und Unendlichkeit. Zur blauen Stunde lässt es sich gut entspannen, am besten umgeben von blauen Farbtönen. Blau gilt als die Farbe der Treue.
- **Rosa:** Die Farbe des jungen Lebens wird mit Zartheit verbunden. Da Grün als Farbe des Wachstums gesehen wird, vereinen Kombinationen aus Rosa und Grün die Aspekte des Wachstums. Rosa fördert Ruhe, besänftigt, baut Aggressionen ab und wirkt erfrischend.

*Blaue Töne sind in der Pflanzenwelt eher selten. Die entspannende Wirkung lässt sich wunderbar an einem Sitz- oder Liegeplatz nutzen. Rosa sorgt zusätzlich für Ruhe. Wenn es abends kühl wird, verlängert ein wärmendes Holzfeuer die Gartenzeit.*

genießen, die Sterne betrachten und wie früher Geschichten um das Feuer kreisen lassen, während der Geruch der im Feuer garenden Kartoffeln einem um die Nase weht.

## Sommerlicher Sitzplatz

**Für Design-Fans:** Ein Sitzplatz im Garten, bei dem Grün- und Blautöne vorherrschen, verspricht auch an heißen Sommertagen für das Auge Erfrischung. Diese Farbkombination ergibt entspannende Gartenbilder und kann für einen Sitzplatz ebenso wie für Beetkombinationen genutzt werden. Korbmöbel in warmen Farben mildern die kühle Wirkung ab und laden zum Feiern, Essen und Genießen ein. Mit ihren abgerundeten Kanten vermitteln sie einen einladenden, angenehmen Eindruck. Moderne Körbmöbel, die witterungsbeständig sind, können bei jedem Wetter draußen bleiben und unterstreichen den Lounge-Charakter. Polster in hellem Grün heitern die Stimmung auf. Ein Sonnenschirm in Erdfarben korrespondiert mit der warmen Farbe der Korbmöbel. Umrahmt von Form-

schnitthecken wachsen in den angrenzenden Beeten blaue und weiße Blumen wie Rosen, Lavendel und Mutterkraut, die die Gestaltung untermalen. Ein formales Wasserbecken mit duftenden, weißen Seerosen ergänzt das Bild. Die cremeweiße Seerose 'Walter Pagels' ist auch für kleinere Teiche geeignet. Ihre ca. 10 cm großen Blüten sind fast so groß wie ihre Blätter. Sie blüht auch im Herbst noch reichlich. Das Wasserbecken wirkt spektakulär, wenn es abends beleuchtet wird. Auch Skulpturen oder Formschnitthecken, die von diesem Sitzplatz aus gesehen werden, erhalten durch eine Beleuchtung einen besonderen Reiz in den Abend- und Nachtstunden.

**Für Realisierer:** Eine in warmen Tönen gestaltete Sitzoase wirkt auch an kühleren Tagen einladend. Hier können wir die Wärme der ersten Sonnenstrahlen auf der Haut genießen oder den Tag gemütlich ausklingen lassen. Eine Holzwand im Hintergrund bietet Schutz – sie darf auch gern farbig gestaltet sein: Dunkles Blau lässt das Grün der Blätter und die Blütenfarben in Gelb, Rot und Orange erst richtig zur Geltung kommen. Holzbänke laden zum Verweilen ein. Ein kleiner Hausbaum spendet Schatten. Wer attraktive Blätter liebt, wird beim Kugel-Trompetenbaum fündig. Seine großen, herzförmigen Blätter bieten eine schöne Symbolik. Das Blatt verströmt einen schwachen Duft und soll Mücken abhalten – perfekt für Feiern am Abend. Außerdem treibt der Baum spät aus, sodass die Frühlingssonne ohne Schattenwurf genossen werden kann. Die Krone bildet sich ohne Schnitt zur Kugel, der Baum wächst langsam und ist damit auch für kleinere Gartenbereiche geeignet. Der Sitzplatz wird mit Blumen umgeben. Nelkenwurz (*Geum chiloense* 'Rubin') liebt sonnige bis halbschattige Plätze. Ihre farbintensiven Blüten strahlen mit der Sonne um die Wette. Die Nelkenwurz 'Goldball' besitzt 5 cm große, goldgelbe Blüten. Sie ist anspruchslos und wächst auf fast jedem Boden, solange sie im Winter nicht zu nass steht. Schafgarben können zu anderen Pflanzen überleiten: Lupinen auf der Sonnenseite des Sitzplatzes und Fingerhut – Achtung tödlich giftig – auf der Schattenseite ergänzen mit ihren prächtigen Blüten die heitere Gestaltung. In Rosa- und Weißtönen mildern sie eine zu feurige Gestaltung ab. Sitzkissen in Orange unterstützen die Geselligkeit. In Form geschnittene Buchsbäume bieten über das ganze Jahr eine schöne Struktur, sodass man den Sitzplatz zu jeder Jahreszeit genießen kann.

*Die Optik von Sitzplätzen im Grünen verändert sich von Frühling bis Herbst, da die Pflanzen wachsen, blühen und später wieder verblühen. So entstehen abwechslungsreiche Stimmungen.*

*Die Wahl der Farben und Materialien bestimmt die Grundstimmung eines Sitzplatzes: Je nachdem erden sie uns, geben uns Kraft oder fördern die Kommunikation.*

**Für Entdecker:** Wie wäre es mit einem Holzdeck, auf dem man barfuß die Wärme der Sonne genießen kann? Naturfarbene Korbsessel mit hoher Lehne vermitteln ein angenehmes Sitzgefühl. Umgeben von Kornelkirschen und Eibenkugeln als Eckpunkte, die das ganze Jahr über attraktiv aussehen und Rückenschutz bieten, ist auch im Winter gleichzeitig für Offenheit und Schutz gesorgt. Chinaschilf und andere Gräser sorgen für Dynamik am Kommunikationsplatz und liefern wachsende Sichtschutzwände. Diese gewähren im Frühling, wenn sie noch niedrig sind, Ausblicke. Ab Frühsommer bieten sie Sichtschutz. Im Herbst beeindrucken sie mit ihrer faszinierenden Blüte und beglücken bis in den Winter hinein mit wogenden, abwechslungsreichen Bildern. Schöne Sorten sind *Miscanthus sinensis* 'Malepartus', eine 170 bis 200 cm hohe Sorte mit früher Blüte im August. Die eleganten Blütenfahnen in silbrigem Rotton geben einen prachtvollen Blickfang. *Calamagrostis varia*, das Berg-Reitgras, bildet eine schöne Ergänzung. Als Spezialist für unterschiedliche Standorte von trocken bis feucht gehört das 80 bis 100 cm hohe Berg-Reitgras zu den wenigen Pflanzen, die auch mit dem Wurzeldruck von Bäumen zurechtkommen. Die zarte Blüte erstreckt sich von Juli bis September. Patagonisches Eisenkraut *(Verbena bonariensis)* bietet sich für Farbpunkte zwischen den Gräsern an. Leider ist es nicht vollkommen winterhart. Es wird 100 bis 150 cm hoch und erhält sich meist durch Selbstaussaat. Die violetten Blüten schweben auf langen Stängeln und erfreuen von Juli bis Oktober. Die Perowskie mit ihren violettblauen Blüten von Juni bis September bietet gemeinsam mit niedrigen Gräsern ein reizvolles Formenspiel. Ein Solitärbaum kann als Sichtschutz und als Blickpunkt dienen. Weißbunte Hartriegel bieten dank ihres panaschierten Laubes eine hübsche Kulisse. Sie sind gut schnittverträglich und ihre im Herbst zierenden, bläulich weißen Früchte kontrastieren wunderbar mit dem Laub des Strauches. Ebenso attraktiv wirkt der Schwarze Holunder 'Black Lace' mit seinem purpurfarbenen, geschlitzblättrigen Laub. Seine rosafarbene, üppige Blüte im Spätfrühling bietet einen spektakulären Anblick. Der Baum sollte von der Terrasse weit genug entfernt stehen, damit die Beeren keine Flecken auf der Terrasse hinterlassen und der Solitär seine schöne Wirkung voll entfalten kann.

# Begleit- und Schutzpflanzen für sonnige Sitzplätze

## Mutterkraut

*Tanacetum parthenium*

Obwohl Mutterkraut bereits von Dioskurides im 1. Jahrhundert als Heilkraut beschrieben wurde, wurde es in der Gartengestaltung kaum berücksichtigt. Erst heute hält es wieder Einzug in moderne Gestaltungen. Die margeritenähnlichen, weißen Blütenköpfchen erscheinen zahllos. Als Rosenbegleiter bildet sie von Juni bis September einen hübschen Rahmen für Strauchrosen. Die bis zu 80 cm hoch werdende, ausdauernde Staude bevorzugt sonnige bis halbschattige Standorte in nährstoffreichen Böden und samt sich gern aus. Sie lässt sich sehr gut mit Gräsern kombinieren.

## Schafgarbe

*Achillea*-Arten

Eine Reihe von farbenfrohen *Achillea*-Züchtungen erobert die modernen Gärten. Die 60 bis 80 cm hoch werdenden Stauden sind pflegeleichte Gartengesellen. Ihre Blütezeit erstreckt sich von Mai bis Juli. Nach dem Schnitt verblühter Blütenstängel bildet sich oft eine Nachblüte. Werden die Pflanzen im Herbst nicht zurückgeschnitten, gewähren sie vielen Nützlingen Schutz. Jeder humose und durchlässige Boden ist geeignet. Die Schafgarbe bietet sich wegen ihrer Wuchsform als Vermittler zwischen unterschiedlichen Stauden an. An Sitzplätzen werden oft viele verschiedene Lieblingspflanzen eingesetzt, die in der Schafgarbe einen harmonischen Partner finden.

## Perowskie, Blauraute

*Perovskia atriplicifolia*

Die Perowskie bietet mit ihrem etwa 100 cm hohen Wuchs viele Einsatzmöglichkeiten für die Spätsommerbühne. Die blühfreudigen Stauden zeigen ihre Abertausende kleinen, violettblauen Blüten von Juni bis September. Die silbergrauen gesägten Blätter mit ihren weißfilzigen Zweigen bieten in Steppen- und Kiesgärten ein Highlight

In Blumenbeeten bevorzugen sie nährstoffar men Boden, der mäßig feucht und durchlässi sein sollte. In rauen Lagen empfiehlt sich Winterschutz durch Mulchmaterial. Im Frühjah darf dann kräftig zurückgeschnitten werden etwa eine Handbreit über dem Boden, um di Bildung neuer, blühfreudiger Triebe anzuregen Ein gleichzeitiges, mäßiges Düngen im zeitige Frühjahr verhilft ihr zu einem guten Start.

## Hainbuche

*Carpinus betulus*

Im Frühling eröffnen Hainbuchen den Heckenreigen mit hellem, frischen Grün. Auf humosem, gut gelockertem Boden reagieren junge Hainbuchen mit kräftigem Wachstum. Anpassungsfähig an die Lichtverhältnisse, wachsen Hainbuchen auch an schattigen Orten, obwohl sie natürlich sonnige bevorzugen. Wenn man die Pflanzen im Hochsommer zurückschneidet, bleiben die braunen Blätter über den Winter hängen und bilden eine schöne Kulisse im winterlichen Weiß. Hainbuchen eignen sich hervorragend als Formschnittgehölze und für schlanke Sichtschutzhecken. Sie bieten einen guten Vogelschutz und sind wertvoll für über 30 Insektenarten.

## Eibe

*Taxus baccata*

Der immergrüne Laubbaum mit seinen weichen Nadeln verleiht jeder Gartengestaltung Substanz. Eiben können bei fruchtbarem, durchlässigem Boden Jahr für Jahr bis zu 30 cm Wachstum zulegen. Das wiederspricht der langläufigen Meinung, sie würden langsam wachsen. Als Formschnittgehölz behält sie ihre Form acht bis neun Monate lang, sodass nicht dreimal im Jahr

geschnitten werden muss. Die langlebigen Eiben wachsen auch aus altem Holz. Im Gegensatz zur Thuja, die braun bleibt und nicht mehr nachwächst, sollte man zu stark geschnitten haben. Somit lassen sich Eiben, die übrigens in ihren Jugendjahren sehr schattenverträglich sind, hervorragend zu schlanken Hecken und interessanten Formen schneiden. Sie bieten außerdem einen guten Vogelschutz und werden gern von Vögeln als Nistgehölz angenommen, die auch die Beeren fressen. Für uns Menschen sind die Kerne der Früchte jedoch tödlich giftig.

## Schwarzer Holunder 'Blace Lace'®

*Sambucus nigra*

Die Blätter des Strauchs wirken wie die des geschlitztblättrigen Fächer-Ahorns. Mit seinen purpurfarbenen Blättern ist diese Holunder-Sorte eine farbliche Bereicherung für jeden Garten und kann schön als Solitär eingesetzt werden. Ausgepflanzt kann er ohne Schnitt 3 bis 4 Meter hoch werden – für einen Holunder, dessen Wildform bis zu 15 Meter erreichen kann, ist dies eine gartengerechte Größe. An den Boden stellt Holunder wenige Ansprüche, Hauptsache nährstoffreich. Holunder ist ein wertvolles Nährgehölz für 48 Vogel- und 15 Insektenarten. Und auch wir können seine Blüten und Früchte nutzen: Die typisch nach Holunder duftenden Blüten dieser Sorte sind rosafarben. Die Beeren, die im Herbst reifen, können gekocht und zu leckeren Brotaufstrichen oder Likören weiterverarbeitet werden.

# Ein Rückzugsort nur für mich

Jeder hat Lieblingsplätze, und manchmal braucht man einfach mal eine kleine Auszeit für sich selbst. Wer Formschnitthecken in seinem Garten realisiert hat, stellt fest, dass diese besonders viel Freude machen, wenn man sie von einem Sessel oder einer Liege aus genießen kann, anstatt nur an ihr vorbeizulaufen. Wer nun ein abwechslungsreiches Spiel mit Hainbuche und Eibe gestaltet hat, kann in den unterschiedlichen Jahreszeiten wechselnde Bilder, vom frischen, jungen Grün der Hainbuche und dem dunklen Ton der Eibe, erleben. Im Sommer ist das gezahnte Blatt der Hainbuche eine attraktive Abwechslung zu den weichen Nadeln der Eibe. Während sich im Herbst die Blätter der Bäume und Büsche einfärben und das gelb werdende Laub der Hainbuche den nahenden Winter ankündigt, bleibt die Eibe ihrem Blattkleid treu. Im Winter glitzern die Spinnenfäden in ihnen, glänzen mit winzigen Kristallspitzen und bilden Ketten von Ast zu Ast. Die Hecken bilden einen wunderschönen Hintergrund für Beetgestaltungen und einen schützenden Rahmen für einen Rückzugsbereich. Liegestühle mit Rollen ermöglichen nun, jahreszeitmäßig immer den schönsten Blick zu nutzen. Im Frühling punkten die Früh-

PASS DICH DEM SCHRITT DER NATUR AN, IHR GEHEIMNIS HEISST GEDULD. Ralph Waldo Emerson

*Geschickt eingesetzt entstehen mit Formschnitthecken Nischen, die unterschiedliche Gestaltungsbereich trennen und gemütliche Rückzugsorte möglich machen.*

*Ein Rückzugsort in einer wilderen Gartenecke lädt zum Träumen ein. Die blauen Farbtöne lassen uns entspannen und ausruhen. Man kann im wahrsten Sinne des Wortes die Seele baumeln lassen.*

*In schattigen Rückzugsbereichen punkten Funkien und Hortensien. In Gefäßen gepflanzt bilden sie Übergänge in den ruhigen Gartenraum.*

lingsblüher in diesem Beet – Schneeglöckchen, frühe Tulpen und Narzissen. Im Anschluss von April bis Mai blüht das blaue Hasenglöckchen mit dem niedrigen Lungenkraut und späten Tulpen um die Wette. Verdeckt wird das einziehende Laub der Frühlingsblüher von Sommerstauden wie blauen Sommerastern und Bartfaden, der von Juni bis Oktober erstrahlt. Er liebt Beete in voller Sonne. In schattigeren Bereichen kann stattdessen Fingerhut gepflanzt werden, der ähnliche Blüten aufweist. Lanzen-Eisenkraut, duftende Nachtviolen und Phlox leiten in die schattigeren Bereiche der Rückzugsecke über. Das Beet schließt mit Schmuckfarnen zum Gehölz- und Heckenrand ab.

Auf einem kleinen Tisch. In der im Winter still werdenden, kleinen Sitzecke zeugen geschickt aufgetürmte Zieräpfel und Zweige von der Fülle des Herbstes. All die kleinen Gartenschätze, die man auf dem Weg zu seinem Lieblingsplatz durch den Garten entdeckt, finden hier ihren Platz. Vielleicht drei Haselnüsse, die einem vor die Füße gefallen sind, und eine Feder?

DER HÖCHSTE LOHN FÜR UNSERE BEMÜHUNGEN IST NICHT DAS, WAS WIR DAFÜR BEKOMMEN, SONDERN DAS, WAS WIR DADURCH WERDEN. John Ruskin

## Leuchtende Nächte

Wer sich romantische Glühwürmchen-Nächte wünscht, wird feststellen müssen, dass die nützlichen Glühwürmchen bei uns selten geworden sind. Glühwürmchen, auch Leuchtkäfer genannt, leben an Waldrändern, in Gebüsch, in Gärten und auf feuchten Wiesen. Die Larve durchläuft eine dreijährige Entwicklung, ehe sie im Juni als Leuchtkäfer schlüpft. Da die Larve in dieser ganzen Zeit Schnecken verspeist, ist sie ein nützlicher Gartenhelfer und trägt ihren Teil zum Gärtnerglück bei. Glühwürmchen brauchen bestimmte Gegebenheiten, um sich anzusiedeln und zu vermehren. Unsere moderne Bewirtschaftung mit Bodenverdichtung, Kunstrasen, kräftiger Düngung und dem Einsatz von Schneckengift macht es den Tieren heutzutage sehr schwer.

**Ein Garten für Glühwürmchen** Wer Leuchtkäfer in seinem Garten unterstützen möchte, sollte offene Gartenflächen und schattige, feuchte Stellen schaffen, die auch bei Schnecken beliebt sind. Die Randzonen zwischen den einzelnen Bereichen werden von den Tieren gern angenommen. In ruhigen, eher dunkleren Gartenecken kann ein Asthaufen, der unberührt bleibt oder zu einer Skulptur aufgeschichtet wurde, in die Gartengestaltung integriert werden. Trockenmauern, die in den kultivierten Bereich überführen, bieten den Glühwürmchenweibchen erhöhte Sitzplätze, die diese zum Anlocken der Männchen gerne nutzen. Ein Teil der Rasenfläche kann als Magerwiese bewirtschaftet werden, deren Blüten und Kräuter Menschen und Insekten erfreuen. Der Übergang von Wiese zu Schattenbereich lässt sich mit Farnen einfassen. Vielleicht findet sich in einer abzweigenden Bucht, mit Blick auf die Wiese, ein Platz für ein Baumhaus und in der Nähe einen kleinen Brunnen, der für angenehmes, kühlendes Nass sorgt. Das leise Plätschern des Brunnens lockt uns abends auf einen Erkundungsgang in den Garten, der später auch in den dunkleren Glühwürmchengarten führt, der vom Baumhaus aus einsehbar ist. Verzichtet man hier auf künstliche Beleuchtung, kann man im Juni oder Juli das Leuchten der Glühwürmchen genießen. Helle Wegebeläge können den Weg weisen, gesäumt von nachtduftenden, pastellfarbenen und weißen Blütenpflanzen wie Nachtviole oder weißem Phlox, die auch nachts noch gut zu sehen sind. Am Baumhaus ist eine Lichtquelle, die ein- und ausgeschaltet werden kann, sinnvoll. Wer keinen Stromzugang hat: Nicht die Taschenlampe vergessen! Und für das Glühwürmchenheim gilt: Wenig in die Natur eingreifen, viele dauerhafte Strukturen schaffen mit Pflanzen, die lange dort verbleiben können, wie Farne, Funkien, langlebige Stauden und Gehölzen.

*Glühwürmchen fallen uns erst auf, wenn sie leuchten. Tagsüber ist der unauffällige Käfer ein Gast der naturnahen Bereiche eines Gartens.*

# Pflanzen für Rückzugsorte

## Hasenglöckchen

*Hyacintnoides*-Arten

Das Atlantische Hasenglöckchen *(Hyacinthoides non-scripta)*, in England auch Bluebell genannt, steht in Deutschland unter Naturschutz. Im Garten vermehren sich Hasenglöckchen bereitwillig. Ihre Blütenglöckchen lieben kühle Standorte unter laubabwerfenden Büschen, die im Frühjahr Licht auf den Boden durchlassen. Hier können mit der Zeit große Bestände entstehen. Das Zwiebellaub muss sich nach der Blüte einziehen können, damit die Blüten für das Folgejahr gebildet werden. Auch die Zwiebeln selbst wollen viele Jahre ungestört im Boden verbleiben. Im botanischen Garten von Wisley, England, locken die Bluebells mit ihren anmutigen Glockenblüten an sonnigen Frühlingstagen regelrechte Pilgerscharen an, die den See aus blauen Glocken bewundern wollen.

## Schmuckfarne

*Matteucia, Athyrium, Dryopteris, Osmunda*

Unter den Sträuchern, die den Rückzugsplatz vor Blicken schützen, fühlen sich Farne wohl: von den kleinen Vertretern wie Japanischer Schmuckfarn, Frauenfarn *(Athyrium)* über den mittelgroßen Straußenfarn *(Matteucia)* bis hin zum großen Königsfarn *(Osmunda regalis)* mit seinen imposanten, bis zu 2 m großen Wedeln. Die aus Urzeiten stammenden Farne beleben dunkle, schattige Ecken im Garten – buntblättrige Schmuckfarne wie 'Japanese Painting' *(Athyrium niponicum)* in dunkelstem Violett mit weißen Rändern und der Rotstielige Frauenfarn (*Athyrium filix-femina* 'Lady in Red') mit kirschroten Stilen können hier mit ihren außergewöhnlichen Farben Akzente setzen. Aus der Abdeckung mit Laub im Winter entsteht guter Humus, den die Farne für ein gesundes Wachstum benötigen.

## Nachtviole

*Hesperis matronalis*

Der Duft der Nachtviolen erinnert an Veilchen und verbreitet sich großzügig in den Abend- und Nachtstunden – die perfekte Tageszeit für ein paar ruhige Minuten samt Dufterlebnis. Viele Falter umschwärmen ihre Blüten, darunter auch das Taubenschwänzchen. Sonnige bis halbschattige Plätze und ein durchlässiger Boden sorgen für violette Blütenpracht von Mai bis Juli. Die Pflanze ist zweijährig und versamt sich bereitwillig an ihrem Standort. Gern steht sie am lichten Gehölzrand oder im Schutz von Sträuchern. Wer die Pflanzen im Frühling aussät, sollte darauf achten, dass die Samen Lichtkeimer sind (Samen nicht mit Erde bedecken, sondern nur andrücken!).

## Geflecktes Lungenkraut

*Pulmonaria officinalis*

Die hübschen Blüten des Gefleckten Lungenkrauts bereichern den Frühlingsgarten von März bis Mai. Hummeln, die sich bereits früh im Jahr auf Nektarsuche befinden, suchen die rosa und blau blühenden Pflanzen gerne auf. Die niedrige, ausdauernde Heilpflanze hat raue Blätter mit grün-weißer Zeichnung. Die bei uns heimische Pflanze liebt sonnige bis halbschattige Standorte unter lichten Gehölzen. Später im Jahr dürfen ihr hier andere, größere Stauden Schatten spenden. In lehmig-humosem Boden fühlt sie sich am wohlsten und erstrahlt in Kombination mit Lenzrosen.

## Weißer Phlox

*Phlox*-Arten

Phloxe, Flammenblumen, gibt es für fast jede Gartensituation. Der Großblatt-Phlox (*Phlox amplifolia* 'David'), krönt das abendliche Staudenbeet, da weiße Pflanzen lange aus dem Beet leuchten, während andere Farben zurücktreten. Mit seinen Blütenbällen, die sich aus einzelnen

weißen, großen, strahlenden Blüten zusammensetzen, ist er ein Magnet für Schmetterlinge. Er bildet dichte, große Horste durch Ausläufer und besitzt eine sehr hohe Mehltauresistenz. Der trotz seiner üppigen Blütenfülle zierlich wirkende Phlox verträgt Trockenheit und Hitze. Sein Duft bereichert die Palette der Phloxe mit einer fruchtig-süßen Note. Er blüht von Juli bis September und bietet wegen seiner Farbe und seiner Wuchshöhe von 120 cm einen schönen Übergang zwischen unterschiedlichen Farbthemen.

## Lanzen-Eisenkraut

*Verbena hastata*

Das Lanzen-Eisenkraut liebt gleichmäßig frische Böden in sonniger Lage. Die Sorte 'Blue Spires' bietet intensiv rötlich-lilafarbene Blütenkerzen und wird 80 bis 100 cm hoch. Die eher kurzlebige Staude samt sich an ihr zusagenden Standorten gern selbst aus und bleibt so über viele Jahre im Beet erhalten. Während ihrer langen Blütezeit von Juni bis September lockt sie viele Insekten auf ihre ährenförmigen Blütenkerzen. Als Schnittblume hält sie sich mehrere Tage in einer Vase und verzaubert dort durch ihren unnachahmlichen Charme. Die Staude ist winterhart und steht gut im Hintergrund von Beeten. Das Lanzen-Eisenkraut bietet für einen natürlich wirkenden Rückzugsplatz dank seiner wandernden Eigenschaften jedes Jahr eine neue Optik und Dynamik. Großes Plus: Bei Schnecken ist es nicht beliebt.

# Ein Platz für meine persönliche Kreativität

Um sich einen persönlichen Bereich im Garten einzurichten und vom Rest des Gartens abzugrenzen, eignen sich nicht nur Heckengehölze wie Eiben und Hainbuchen, auch der Wilde Wein mit seiner spektakulären Herbstfärbung von Gelb über Orange nach Feuerrot bietet ein fantastisches Bild an Wänden, Mauern oder Sichtschutzelementen. Besonderen Charme entfaltet er an einer alten Steinmauer, die wie eine Ruine wirkt. Nachgebaute Burgmauern, Aquädukte und Brücken sowie antike Tempel, die in den Landschaftsgärten des 18. oder 19. Jahrhunderts ihren Ursprung haben, erfreuen sich einer neuen Beliebtheit und werden in so manchem Garten kreativ umgesetzt.

**Für Design-Fans:** Mit modernen Materialien lässt sich ein gelungener Übergang von den anderen Gartenbereichen in die Kreativitätsecke gestalten. Ein Raumteiler muss nicht immer aus Mauerwerk errichtet werden. Die Wand kann auch aus Gittern erstellt sein, die fest im Boden verankert werden. Ein Durchblick oder Durchgang lässt sich als breiter Rand aus glänzendem Aluminium oder Edelstahl einsetzen. Das Gitter selbst bietet nun rankendem Wilden Wein Platz. Im Sommer erschafft er eine grüne Wand, im Herbst eine rote Mauer und im Winter eine interessante, mit braunen Stängeln umgrenzte Gitterstruktur.

**Für Realisierer:** Eine künstliche Ruine im Garten kann zum Lieblingsplatz werden. Gebaut als Rückzugsecke, romantischer Sitzplatz für zwei oder mit einem praktischen Tisch, umgeben von allen Ingredienzien, die für eine Bastelecke nötig sind, um zum Beispiel die Schätze aus der Schnittblumenecke zu individuellen Schönheiten weiterzuverarbeiten. Diese von den Briten so liebevoll titulierten Follies (Verrücktheiten) gibt es

*Wilder Wein und romantische Ecken im Garten lassen sich hervorragend kombinieren. Der fünfblättrige Wilde Wein im Bild* (Parthenocissus quinquefolia) *benötigt eine Rankhilfe. Der dreilappige Wilde Wein* (Parthenocissus tricuspidata) *klettert selbsttätig durch seine Haftnoppen.*

*Links: Formschnittgehölze lassen sich zu Spiralen, Kegeln und anderen Formen schneiden. Rechts: Wer Florales liebt, kann frisch gepflückte Schnittblumen zu Sträußen und Kränzen binden.*

*Ein Hainbuchenbogen erschafft einen lebendigen Durchgang zum nächsten Gartenzimmer. Hier bieten sich Säulen-Hainbuchen an, die schlank wachsen.*

## Oase der Stille

An meinem Geburtsort in Füssen am Lech findet der Besucher den sogenannten Baumgarten, einen Landschaftspark mitten in der Stadt. Dieser wird von der Stadt seit dem 19. Jahrhundert auf dem ehemaligen Gelände des Benediktinerklosters St. Mang als öffentlicher Park geführt. Hier lässt sich der Ausblick auf das prächtige Hohe Schloss genießen. Mitten am Weg befindet sich die sogenannte Wasserburg, ein sehenswertes Wasserreservoir aus dem 19. Jahrhundert, das als Wasserspeicher im Stil der Follies gebaut worden ist. In Füssen gibt es eine aktive Gruppe, die sich für die Baumveteranen des Parks einsetzt. Die heutigen Stadtväter ermöglichen es, auch in Zukunft diesen idyllischen Park mitten in der Stadt mit seinen gemütlichen Spazierwegen und der ringsum herrlichen Aussicht zu genießen, und sorgen für den Erhalt der inzwischen hohen, alten Baumveteranen.

in der Zwischenzeit sogar als Bausätze von darauf spezialisierten Firmen. An den ungewöhnlichen Zierbauten finden Wilder Wein und Kletterrosen eine herrliche Kulisse.

**Für Entdecker:** Wer sich ein blühendes Highlight in den Garten stellen möchte, kann ein Obstbaumspalier gestalten oder einen Obstbaumtunnel über die Wege spannen. Damit wird ein Weg mehr als ein Weg. Zum Testen kann ein Rankgitter zu beiden Seiten des Weges mit einjährigen Duftwicken und Feuerbohnen die gewünschten Ausmaße klären. Hier können die Wege vom Schnittblumenbeet zur Bastelecke in ein blühendes und duftendes Meer verwandelt werden. Als Wegbeginn kann ein junges Obstbaumspalier im großen Topf links und rechts bereits vor der Blüte der Wicken für Blütenfülle sorgen. So kann man sich in Ruhe entscheiden, ob man lieber einen Obstbaumtunnel möchte, für den die Bodenvorbereitungen

*Links: In Form geschnittene Obstbaumspaliere bieten neben Blüten und Früchten auch Sichtschutz.*
*Rechts: Mit Laub zu spielen macht nicht nur Kindern Spaß. Gemeinsam können daraus sogar Kunstwerke entstehen.*

*Das Vogeltor, ein multifunktionales Kunstwerk im Garten der Designerin: Vogelschutz und Brutplätze, Humuserzeugung und Weintraubenernte formschön kombiniert.*

mit den Duftwicken und Feuerbohnen eine gute Grundlage darstellen, oder ob eine Trennwand mit wechselnden, einjährigen Sommerblumen davor besser passt. Die gegenüberliegende Seite könnte ein Obstbaumspalier als Wegbegleiter krönen, das über viele Jahre blüht und fruchtet.

## Laub-Kunstwerke im Garten

Wenn im Herbst die bunten Blätter fallen, ist es nicht nur Zeit, diese zu großen Haufen zusammenzurechen und den erdigen Geruch zu genießen. Herbstlaub im Garten kann auch richtig Spaß machen, vor allem wenn man Kinder dabei beobachtet, wie kreativ sie beim Spielen damit werden. Wer macht den größten Laubhaufen? Blätterbilder können auf dem Boden als temporäre Kunst entstehen und aus Blättern, Kastanien und Draht lassen sich Windspiele, Mobile und Figuren basteln. Erwachsene können mit Gabionen, Gitterkörben aus Draht, außergewöhnliche Gartenkunst schaffen, die auch noch nützlich ist. Gabionen werden normalerweise mit Steinen gefüllt. Sie sind jedoch auch hervorragend für Laubkunstwerke geeignet: Kleiden Sie eine Säule aus Gabionen mit verzinktem Hasendraht aus und füllen Sie sie mit buntem Herbstlaub. Hier finden Rankpflanzen ihren Platz, wie Wilder Wein. Sogar Echter Wein mit essbaren Trauben findet auf der Südseite des Turmes Platz und Wärme. Das Laub in der Säule dient als Überwinterungsplatz für Nützlinge wie Marienkäfer, Florfliegen und Co. Farblich bietet das braune Laub im Winter einen Kontrast zum silbernen Gitter. Im Frühling treibt der Wilde Wein grün aus und das Laub hat sich bereits gesetzt. Im Sommer kann an den Esstrauben genascht werden. Im Herbst punktet das Farbspiel des Wilden Weines von Gelb bis Rubinrot. Dann wird wieder von oben Laub nachgefüllt. Im unteren Bereich der Säule entsteht nach etwa einem Jahr hervorragender Humus. Wer unten eine Klappe in die Gabione schneidet, kann nun auch anfangen, diesen für seine Pflanzen zu entnehmen. Wer zwei solcher Gabionen aufstellt und oben einen Gabionenriegel anbringt, erschafft ein Tor. Hier wird dann auch seitlich mit Verstrebungen für Standsicherheit gesorgt, was wiederum Platz für weitere Rankpflanzen schafft. Der obere Riegel wird locker mit Astwerk gefüllt und mit einem gröberen Drahtgitter ausgekleidet. Sogar ein Brutkasten kann integriert werden. Aus schlichten Gitterkörben, Laub und Wein ist ein wahres Kunstwerk entstanden: Ein farbwechselndes Vogeltor mit Nützlingsschutz, Humuserzeugung und kulinarischen Gaumenfreuden.

# Pflanzen für Schnittblumenecken

## Schmetterlingsgladiole

*Gladiolus papilio*

Schmetterlingsgladiolen gehören zur Familie der Irisgewächse. Sie benötigen einen gut umgegrabenen, feinkrümeligen Boden und lieben Kompost. Die Sonnenanbeter entzücken uns von Juni bis September mit ihrem Farbspiel. Bei der eher zarten Schwester der oft kopflastigen Gartengladiole entfällt das Stützen der einzelnen Blütentürme. Mit ihrer aufrechten Struktur bereichert sie Beete und Rabatten. Da die Knollen nicht frosthart sind, ist eine Pflanzung in Töpfen sinnvoll – auch für Terrassen eine attraktive Idee. Im April werden die Knollen 10 cm tief in nährstoffreiche Erde gepflanzt. Eine Zugabe von Holzasche bei der Pflanzung dient als Dünger. Vor den ersten Frösten müssen sie aus der Erde geholt und an einem trockenen, kühlen, frostfreien Platz zum Überwintern eingelagert werden.

## Lilienblütige Tulpe

*Tulipa*-Sorten

Die Sorten dieser Tulpengruppe fallen während ihrer Blütezeit im Mai durch ihre elegante Erscheinung und ihre wunderbare Fernwirkung auf. Die kupferrot geflammte Sorte 'Ballerina' ist besonders dankbar und langlebig. Ihre duftenden Blüten entfalten sich aus schmalen langen Knospen. Wer Holzasche von unbehandeltem Holz zur Verfügung hat, kann diese im Herbst bei der Pflanzung dünn über die Zwiebel streuen. Holzasche gilt als pilzhemmend und ist ein milder Dünger, wenn die Zugabe nicht übertrieben wird.

## Katzenminze

*Nepeta*-Arten

Die Katzenminze wird auch als Lavendel des Nordens bezeichnet. Und tatsächlich ähnelt sie der bekannten Provence-Pflanze in Wuchsform und Farbe. Katzenminze liebt Standorte in voller Sonne und sandige oder steinige, gern auch nährstoffreiche, nicht zu feuchte Lehmböden.

Der aromatische Duft des silbrigen Blattwerks lockt Katzen magisch an. Die Blüten sind bei Schmetterlingen und Bienen sehr begehrt. Wer die Pflanzen im Juli nach der ersten Blüte zurückschneidet, kann sich bis zum Herbst am blauen Blütenmeer erfreuen. Bei der Zitronigen Katzenminze – eine eher unbeliebte Sorte bei Katzen – macht sich das angenehme Aroma auch in Teemischungen gut.

## Purpur-Fetthenne

*Hylotelephium telephium* (syn. *Sedum telephium*)
Die Purpur-Fetthenne, auch Hohe Fetthenne genannt, ist eine bei Bienen sehr beliebte, langjährige Staude. Sie blüht zu einer Zeit, in der viele nektarsuchende Insekten dankbar für Blüten sind. Die Blütezeit erstreckt sich, je nach Sorte, von August bis Oktober. Die Pflanzen bereichern die unterschiedlichsten Beetkompositionen mit ihren purpurroten Trugdolden. Schöne Partner in sonnigen Beeten sind Gräser oder silberfarbene Stauden wie Lavendel, Katzenminze oder Beifuß. Die Purpur-Fetthenne mag sonnige Beete mit durchlässigen, eher mageren Böden. In Blumensträußen bietet sie durch ihre Struktur eine passende Ergänzung zu oft zarten Blütenstängeln. Auch den Winter hindurch bildet sie einen wertvollen Strukturgeber im Beet.

## Raublatt-Aster, Herbst-Aster

*Symphyotrichum novae-angliae*
(syn. *Aster novae-angliae*)
Im Herbst, in dem der Höhepunkt vieler Stauden bereits überschritten ist, zeigen die Astern sich von ihrer schönsten Seite und lassen mit ihrem Farbspektrum den Garten noch einmal üppig erblühen. Gemeinsam mit Gräsern ergeben sie schwungvolle Bilder. Raublatt-Astern besitzen behaarte, samtige Blätter und aufgrund ihrer Höhe finden sie gute Plätze in der Beetmitte.

Als anlehnungsbedürftige Pflanzen ergeben sich entlang von Gartenzäunen herrliche Möglichkeiten. Die Krankheitsanfälligkeit von Raublatt-Astern ist geringer als die der verwandten Glattblatt-Astern. Für ungetrübtes Gartenglück pflanzt man Astern an sonnige Standorte, in humosen, mit Kompost angereicherten Boden. Die Blütezeit erstreckt sich, je nach Sorte, von August bis Oktober.

## Hasenschwanzgras

*Lagurus ovatus*
Das Samtgras, auch Hasenschwanzgras genannt, wächst bevorzugt in kalkfreiem Trockenrasen. Es liebt sommerwarme, trockene Böden. Seine Ähren leuchten blau-silbern und seidig in der Sonne. Die bis zu 50 cm hoch werdenden Pflanzen bilden üppigere Horste, wenn der Boden reichhaltiger ist. Das einjährige Gras lässt sich leicht aussäen und ist auch für die Topfkultur geeignet. In vollsonnigen Beeten bietet es schöne Akzente zu Blumen mit offenen Blütenformen. Die Blütezeit erstreckt sich von Juni bis August. Die Ähren bereichern sommerliche Blumensträuße und eignen sich auch für Trockensträuße.

# Terrassengarten

Das grüne Wohnzimmer unter freiem Himmel – die Terrasse ist im Sommer oft der beliebteste Aufenthaltsort im eigenen Zuhause. Freigeister und Naturliebhaber wünschen sich hier eine Oase für die Sinne. Die Grenzen zwischen drinnen und draußen sollten fließend sein. Und wenn die Sonne scheint, spielt sich hier das Familienleben ab.

# Der Mittelpunkt des Gartenlebens

In Gärten bildet die Terrasse oft den Mittelpunkt für viele gemeinsame Tätigkeiten. Gleichzeitig steht sie aber auch für das Ankommen im Garten. Meist geht man vom Wohnzimmer aus auf die Terrasse und blickt in seine Gartenwelt, seine eigene kleine Oase. Dieser Platz soll Sicherheit, Geborgenheit und Schönheit vermitteln, damit man sich richtig entspannen und dem Arbeitsalltag entfliehen kann. Und er soll Lust machen auf einen späteren Ausflug in den Garten und zu den eigenen Lieblingstätigkeiten.

Betrachten Sie Ihre Terrasse doch einmal mit den Augen eines Besuchers. Blickt man zuerst auf noch zu erledigende Arbeiten? Ist die Hecke zu wuchtig und wirkt erdrückend, anstatt vor Blicken zu schützen? Wie ist der Geruch, ist er angenehm, neutral oder gar abweisend? Wie fühlen sich die Möbel an, wie wirken die Farben der Polster, des Schirmes? Oft sind es die Kleinigkeiten, die das Tüpfelchen auf dem i bilden und ausmachen, ob man sich an einem Ort wohl oder unwohl fühlt.

Auf der Terrasse treffen auch unterschiedliche Bedürfnisse der Bewohner zusammen. Der eine möchte vielleicht in Ruhe die frische Morgenluft mit einer Tasse Kaffee und der Tageszeitung genießen. Jemand anderes freut sich darauf, noch schnell ein paar Kräuter für sein Lunchpaket zu ernten und dabei von dem herrlichen Aroma begleitet zu werden.

## Der Garten im Garten

Wie wäre es mit einem Garten im Garten, einer Terrasse mit aufeinander abgestimmten Farbthemen für einen ästhetischen Genuss und mit einer Farbgebung, die Inspiration, Ruhe oder Energie unterstützt? Mit Sitzgelegenheiten, an denen man gern seine Finger entlanggleiten lässt, und die regelrecht zum Verweilen locken, die zur eigenen Körperform passen und in denen man sich bequem zurücklehnen kann. Hier kann man sich in die weichen, anschmiegsamen Polster fallen lassen und einfach mal die Füße hochziehen. Wenn es frischer wird, lässt sich herrlich in der Lieblingsdecke die wohlige Wärme genießen. So kann man noch ein Weilchen mit seinem vielleicht gerade so spannenden Buch verweilen.

Beim Aufsehen gleitet der Blick über Gefäße und Töpfe, die sich formschön in die Gesamtgestaltung einpassen und mit wohlriechenden Pflanzen bestückt sind, die bei Berührung die klare Luft mit ihrer süßen Note bereichern. Wenn duftende Blüten freigiebig das sanfte Parfum der Natur unterstreichen und zarte Falter durch die Luft schweben, dann kann man frei aufatmen. Im Sommer können Naschkatzen im Vorbeigehen ihrer genießerischen Ader folgen, die abwechslungsreichen Genüsse des Topfgartens nutzen und so mancher fröhlichen Gesellschaft seine neuesten Kreationen präsentieren. Zwischendurch ist Zeit für einen Spaziergang durch die eigene kleine Welt und für einen selbst gepflückten Blumenstrauß.

Eine Terrasse bietet für viele wärmeliebende Pflanzen gute Wachstumsbedingungen. Hier kann man schon früh im Jahr einen Garten im Garten gestalten, zum Beispiel in formschönen Gefäßen mit Pflanzen, die wochenlang blühen, kombiniert mit attraktiven Pflanzen, die kulinarische Ausflüge ermöglichen. So kann in einem großen Topf Sizilianischer Zierlauch gemeinsam mit der essbaren, purpurfarbenen Japanischen Petersilie angebaut oder Basilikum unter eine Tomatenpflanze gesetzt werden. Mit einer violetten Basilikumsorte setzt man zusätzliche Farbakzente. Im Gefäß nebenan blüht die blaue Duftnessel wochenlang. Ihre Blätter sind auch für Tee geeignet. Dazu passt die Sonnenbraut, deren Blüten in Gelb-, Orange- und Rottönen in schönem Kontrast zur Duftnessel stehen. Schmetterlinge und Bienen fühlen sich von diesen Blüten magisch angezogen.

GÄRTEN SOLLEN SO SEIN, DASS MAN DARIN LEBT. Gertrude Jekyll

*Terrassen ermöglichen es auch wärmebedürftigeren Kübelpflanzen, gut zu gedeihen. Arrangements aus mehreren Töpfen und Kübeln sorgen für eine gemütliche Atmosphäre.*

*Eine stimmungsvolle Beleuchtung lockt auch abends auf die Terrasse.*

# Pflanzen für den „Garten im Garten“

## Sizilianischer Zierlauch

*Nectaroscordum siculum*

Von Mai bis Juni blüht der Sizilianische Zierlauch. Seine dekorativen, 2,5 cm großen, glockenförmigen Einzelblüten wachsen in Dolden und werden gern von Hummeln besucht. Er eignet sich für feuchte Böden und Substrate. Seine Zwiebeln vermehren sich rasch. In Kombination mit frühen Tulpen schenken uns die 1,20 m groß werdenden Blütenstängel im Frühling auf der Terrasse einen seltenen Anblick. Nach der Blütezeit wird der Topf in eine schattigere Ecke des Gartens gestellt: Hier können die Tulpen in Ruhe ihre Blätter einziehen und der Sizilianische Zierlauch entwickelt seine attraktiven Samenstände.

## Violettes Basilikum

*Ocimum basilicum*

Jeder kennt das wärmeliebende, typische, grüne Basilikum. Inzwischen gibt es aber über 150 verschiedene Sorten in allen möglichen Blattschattierungen. Die Sorte 'Purple Delight' (Foto) wird bis zu 60 cm hoch, wächst aufrecht buschig und

blüht von Juli bis September. 'Magic Blue' liefert hohe Erträge mit starkem Aroma. Ab Juni bietet die attraktive Sorte violette Blüten, die gern von Insekten besucht werden. Sie wird ca. 80 cm hoch und wächst gut verzweigt. 'Wildes Purpur' kann dank seiner robusten Art den Sommer ebenso wie die anderen beiden auf der Terrasse verbringen. Diese Aromaauslese ist wüchsiger als alle anderen purpurfarbenen Sorten.

## Japanische Petersilie, Mitsuba

*Cryptotaenia japonica* 'Purpurascens'

Als Würzpflanze ist die Japanische Petersilie bei uns noch fast unbekannt. Das purpurfarbene Laub der dekorativen Blattschmuckpflanze treibt früh im Jahr aus und bereichert nicht nur asiatische Gerichte. In ihrem Heimatland ist die schmucke Pflanze als Würzkraut so populär wie bei uns die Petersilie. Ihr Geschmack liegt zwischen Sellerie und Petersilie. Die Japanische Petersilie liebt frischen bis feuchten, nährstoffreichen Boden. Sie ist kurzlebig, samt sich aber bereitwillig aus. Apart wirkt ein Arrangement von Sizilianischem Zierlauch und einer Unterpflanzung mit Japanischer Petersilie – der Koch erkennt anhand des hübschen, purpurfarbenen Blattes, was er ernten darf.

## Duftnessel, Agastache 'Blue Fortune'

*Agastache-Rugosa*-Hybride 'Blue Fortune'

Die langen Einzelblüten der kompakt wachsenden Staude zeigen sich in einer wochenlangen Blütezeit von Juli bis Oktober. Wegen ihres hellen Blauvioletts zieht sie schon von Weitem alle Blicke auf sich. Auch Schmetterlinge werden magisch angezogen. Da die Pflanzen einen durchlässigen und trockenen Standort lieben, bieten sie im Topf genauso wie im Beet eine Augenweide. Ihre süß duftenden Blätter verwöhnen die Nase und können auch in Tees Verwendung finden. Leichter Winterschutz ist bei Topfkultur empfehlenswert.

## Rosmarin

*Rosmarinus officinalis*

Als immergrüner, nicht frostharter Gewürzstrauch, der auch Tau des Meeres genannt wird, ist die beliebte mediterrane Würzpflanze perfekt für die Terrasse geeignet. Wegen der Frostempfindlichkeit der meisten Sorten empfiehlt sich die Topfkultur. Auf Balkon und Terrasse haben Sorten, die als winterfest gelten, wie 'Arp' und 'Veitshöchheim', nahe an der Hauswand, mit Vlies geschützt, die besten Chancen. 'Französischer Rosmarin' gilt als besonders wüchsig. Er gilt als winterhart, aber auch hier ist guter Schutz angesagt. Problematisch ist oft ein zu nasser, schwerer Boden im Garten. In der Topfkultur kann dies vermieden werden. An warmen Wintertagen ist zu überprüfen, ob ein wenig gegossen werden muss, damit die immergrüne Pflanze nicht ganz austrocknet.

## Sonnenbraut

*Helenium × cultorum*

Die Sonnenbraut bietet wahre Freuden für all jene Blütenfans, die wochenlang sanft im Wind nickende Blütenköpfchen genießen möchten. Sie ist eine anspruchslose Staude mit großer Sortenvielfalt und liefert ein breites Blütenfarbenspektrum von Gelb über Orange bis Rot. Für die Topfkultur an einem sonnigen Standort sind die

Sorten 'Moerheim Beauty' (samtig kupferrot mit kugeliger, dunkelbrauner Mitte) und die relativ seltene 'Mardi Gras' (orangegelb bis orangerot) besonders interessant. Beide werden ungefähr 80 bis 100 cm hoch. Ihre Blüten ziehen Nützlinge magisch an und erfreuen uns von Juli bis September mit ihrer Farbenpracht. Regemäßig gießen: Trockenheit und Staunässe vermeiden.

# Draußen kochen

## Outdoor-Küchen

Wer gerne kocht und seine Terrasse in ein Highlight des Gartens verwandeln möchte, kommt an einer Außenküche kaum vorbei – kombiniert mit Töpfen und Gefäßen, die die frischen Zutaten bereithalten. In warmen Ländern findet man sie schon lange, die Outdoor-Küche, und auch bei uns wird sie immer beliebter. Oft werden dafür die Arbeitsflächen des Innenraumes mit ähnlichen Farben, aber mit witterungsbeständigen Materialien, einfach nach draußen übertragen. Für optischen Zusammenhalt sorgen Schränke in der gleichen Art. Auch Kochinseln sind eine elegante Möglichkeit, noch mehr Zeit auf der Terrasse oder im Garten zu verbringen. Hier werden mit den gleichen Materialien wie auf der Hauptterrasse im Garten Plätze erschaffen, um sich und seinen Gästen unvergessliche, kulinarische Erlebnisse zu ermöglichen.

## Gartengrills

Vom kleinen Grill mit Holzkohle über den Kugelgrill bis zum Grillwagen aus gebürstetem Edelstahl mit Temperaturkontrolle und vier Flammen oder sogar einem speziellen Räuchereinsatz gibt es Hunderte fahrbare Grillstationen. Jeder Grillfan kann so die Sommerzeit zu einem unvergesslichen, kulinarischen Vergnügen werden lassen. Der würzige Duft des eigenen geräucherten, frischen Steckerlfischs lockt dann die Bewohner aus dem Haus. Knackige Würstchen und gegrilltes Gemüse werden mit einer eigenen Tomaten-Ketchup-Variante zum Geschmackserlebnis. Selbst gezogene Chillis aus dem Topf neben der Sitzecke befeuern das Geschmackserlebnis. Knusprige Steaks mit Kräuterbutter aus den eigenen sonnenverwöhnten Kräutern und knackigen Salatkreationen passen trefflich zueinander. An frischer Luft, umgeben von den Sinneseindrücken des Gartens, schmeckt es gleich nochmal so gut.

*Topfkulturen mit wärmeliebenden Tomaten und Kräutern bereichern die Outdoor-Küche mit ihren frischen Zutaten.*

*Mobile Küchen- und Rollwägen können flexibel eingesetzt werden und passen sich an die Anzahl der Gäste an. Blumen und Kräuter in Töpfen und Kübeln vervollständigen die Outdoor-Küche.*

*Rechts: Viel Ernte auf kleinem Raum: Der vertikale, schneckensichere Anbau von Gemüse und Kräutern im KUBI ist ganz einfach.*

*Unten: Perfektes Naschobst für die sommerliche Terrasse: ein Rotes-Johannisbeer-Hochstämmchen, unterpflanzt mit Erdbeeren.*

ES GIBT EINE KRAFT AUS DER EWIGKEIT UND DIESE KRAFT IST GRÜN. Hildegard von Bingen

Wer einen fest eingebauten Gartengrill für seine Kochleidenschaft installieren möchte, sollte eine geschützte Stelle auf der Terrasse oder im Garten wählen. Moderne Varianten sind aus verputztem Beton, die Klassiker sind aus Ziegelsteinen gemauert. Seitliche Ablageflächen für Teller und Zubehör sollten großzügig bemessen sein. Am besten ist der Gartengrill so gebaut, dass man ihn bei kühlem Wetter auch als Kamin benutzen kann.

### Ein ganzer Garten auf 1 m² – die neue Art, Garten zu erleben

Klassische Töpfe, Kübel, Kästen und Hochbeete ermöglichen es, auch auf der Terrasse oder in kleinen Gärten Gemüse und Kräuter anzubauen.
Und auch wer nur 1 m² Platz hat, muss auf diese Gaumenfreuden nicht verzichten: In einem KUBI können bis zu 50 Pflanzen wachsen und das Gärtnerherz höher schlagen lassen.
Dieses moderne Pflanzgefäß bietet vielfältige Anbaumöglichkeiten von knackigem Gemüse, Kräutern und Blumen in drei Dimensionen. Dank des integrierten Wasservorrats sind die Pflanzen für etwa zwei Wochen versorgt und man kann beruhigt in den Urlaub fahren. Im Garten stellt die Wasserwanne einen guten Schutz gegen Schnecken dar: Denn zwei Dinge können Schnecken nicht – fliegen und schwimmen.
Mithilfe seines integrierten Kompostschachts erschafft der KUBI eigenen Mutterboden, der die Pflanzen dauerhaft mit Nährstoffen versorgt. Einfach, umweltfreundlich und gesund. Ganz ohne künstliche Zusätze und mit im KUBI entstehender eigener, guter Erde ohne Torf trägt man zum Schutz der Umwelt bei. Regenwürmer im Komposttiersystem sorgen für dauerhaft lockere und nährstoffreiche Erde. Ein regelmäßiger Erdaustausch ist in diesem Kreislaufsystem nicht mehr nötig. Mit dem KUBI Rollbrett kann der KUBI auch mobil gemacht werden und wird damit zur perfekten Ergänzung der Außenküche. Er kann auch mit umziehen und dank seiner Ausbaufähigkeit individuell an die persönlichen Wünsche angepasst werden. Das zeitlose Design passt in fast jede Gestaltung.
Wie zu Hause fühlen sich im KUBI Tomaten, Peperoni, Paprika, Salat, Radieschen, Erdbeeren, Erbsen, Buschbohnen, Basilikum, Petersilie, Thymian, Rucola, viele weitere Gourmet-Gemüse, Kräuter und ein breites Spektrum an Blumen.

## Die Entstehung des KUBI

Vor Jahren reifte in mir der Wunsch, das herrliche Gefühl der Gartenfreude, das ich genießen konnte, auch für Menschen in Städten zu ermöglichen: Ein Garten für jede Lebenssituation auf 1 m² – mit allem Drum und Dran. Mit eigener lockerer, fruchtbarer Erde, mit fast endlosem Ernten und dem herrlichen Duft von Blumen. Der neue kleine Garten sollte einfach zu handhaben sein und auch für Gartenneulinge einen leichten Einstieg ermöglichen. Ich stellte mir vor, dass von Kindesbeinen an bis ins hohe Alter das Wesentliche am Gärtnern gelebt werden will – die Freude am Wachstum. Darum sollte der 1-m²-Garten aus haltbaren, hochwertigen Materialien bestehen und ein zeitloses Design besitzen. Er sollte ausbaufähig sein, von seinem Nutzer individuell an seine Wünsche angepasst werden können – im wahrsten Sinne des Wortes mitwachsen können. Er sollte mobil sein, damit er sogar mit umziehen kann, wenn sich Lebensumstände ändern. Es brauchte Jahre, diese Idee zu realisieren – viele Entwicklungen waren nötig. Dass der KUBI heute Balkone, Terrassen, Gewächshäuser und Gärten von Norwegen bis Spanien bereichert und einen Teil zum Umweltschutz beiträgt, ist mir eine wahre Freude.

# Pflanzen für den KUBI

## Buschtomaten

*Solanum lycopersicum*

Buschtomaten machen im Pflanzgefäß eine sehr gute Figur. Als Boden ist ein nährstoffreicher Humusboden ideal, bei der Kultivierung in Töpfen sollte ein qualitativ hochwertiges Substrat verwendet werden. Wie bei allen Tomatenpflanzen werden die Samen im Frühjahr ab März im Haus ausgesät und die Jungpflanzen ab Mitte Mai ins Freiland gesetzt. Für optimalen

Wuchs brauchen diese Tomaten mittlere bis volle Sonneneinstrahlung. 'Whipper Snapper' besitzt kleine, rote, sehr süße, aromatische Früchte, die ständig nachwachsen. Ein Entgeizen ist nicht nötig. Als eine der frühesten Tomatensorten dauert ihre Fruchtreife von Ende Mai / Anfang Juni bis Ende Oktober, wobei die Haupterntezeit zwischen Juli und August liegt. Die ertragreiche Sorte 'Balkonstar' wird etwa 60 cm hoch. Die Früchte bilden sich an fünf bis sieben Blütentrauben – sie sind platzfest, saftig und aromatisch. Auch bei ihr müssen keine Seitentriebe aus den Blattachseln entfernt werden.

## Basilikum

*Ocimum basilicum*

Das klassische, grüne Basilikum darf auf keiner Terrasse fehlen. Als Herkunftsgebiet des Königskrauts wird Indien vermutet, wo es bereits seit 1000 v. Chr. als Gewürz-, Heil- und Zierpflanze kultiviert wird. Für Tomatensalate und Pizza scheint es unverzichtbar, aber auch für die Toma-

tenpflanze selbst ist es ein perfekter Begleiter im Pflanzgefäß. Die beiden bilden gemeinsam ein gesundes Paar – vor allem die Tomate profitiert von ihrem grünen, aromatisch duftenden Partner. Ab Mitte Mai, den letzten kalten Nächten, können die grünen Pflänzchen von der Küche auf die Terrasse umziehen.

## Pflücksalate

*Lactuca*

Pflücksalate werden ähnlich wie Kopfsalat angebaut. Ab Anfang April können die kleinen, vorgezogenen Pflanzen ins Freiland. In kalten Nächten empfiehlt sich eine Abdeckung mit Vlies. Im Gegensatz zu Kopfsalat bilden sich bei Pflücksalaten keine geschlossenen Köpfe, sondern lose Blattrosetten. Je nach Sorte gibt es unterschiedliche Blattfärbungen von Rotbraun (Lollo Rossa) bis Hellgrün (Lollo Bionda). Hübsche Bilder bieten sich, wenn grüne Salate neben roten wachsen können. Die Blätterformen variieren von gewellt bis gezackt und glattrandig. Geerntet wird Blatt für Blatt von außen, das Herz bleibt stehen und der Salat wächst weiter. Eine lange Erntezeit wird garantiert. Salat lässt sich gut in Mischkulturen ziehen, z. B. mit Tomaten, Kohlrabi und Radieschen.

## Hängeerdbeeren

*Fragaria*

Für Pflanzgefäße wie Hochbeete, Balkonkästen oder den KUBI bieten sich sogenannte Hängeerdbeeren an. Diese Erdbeerpflanzen bilden besonders lange Ranken, an denen weitere Jungpflanzen entstehen. Hier ist Durchblühen angesagt – der Naschlust wird erst durch den ersten Frost Grenzen gesetzt. Inzwischen gibt es sogar rosa blühende Sorten, die durch ihre für Erdbeerblüten ungewöhnliche Farbe punkten. Geschmacklich sind die zahlreichen für den Hausgarten angebotenen Erdbeersorten sehr unterschiedlich, am besten pflanzt man verschiedene Sorten und probiert sich zu seiner Lieblingssorte durch.

## Chili

*Capsicum*

Chilipflanzen profitieren von der Wärme der Hauswand und lieben den Anbau in Pflanzgefäßen mit nährstoffreichem Boden. Die früh tragende Sorte 'Criolla Sella' hat gelborange, hocharomatische Früchte. Ohne Kerne ist der

Geschmack mild. Wenn die Samen dazugenommen werden, zeigt sich eine mittlere Schärfe. 'Glockenchili' mit ihren an Glocken erinnernden dekorativen Früchten zeigen eine attraktive orangerote Färbung. Auch hier findet sich reichlich Aroma – die Sorte trägt sehr üppig. Hier lässt sich eine mildere Schärfe erreichen, wenn die Kerne nicht mitgenutzt werden.

## Zitronen-Thymian

*Thymus × citriodorus* 'Variegatus'

Zitronen-Thymian ist eine beliebte Zutat für Saucen, Salate, Fleisch-, Fisch- oder Nudelgerichte. Seine kleinen Blätter geben ein würziges Zitronenaroma ab. Als Unterpflanzung von Kübelpflanzen oder Blumen bringt vor allem die Sorte 'Variegatus' mit ihren panaschierten Blättern eine hübsche Note in Töpfe und Kästen. Sie bildet kompakte, kissenförmige Thymianpolster. Zitronen-Thymian liebt wie der Garten-Thymian *(Thymus vulgaris)* einen trockenen, warmen Standort ohne Staunässe. Da er nicht ganz frosthart ist, sollte er vor Winterkälte geschützt werden.

# Mein Küchengarten

Der Anbau von Gemüse, Obst und Kräutern liegt wieder im Trend. Saisonale Arten, die auf fruchtbaren Böden ihr volles Aroma entfalten, knackfrisch geerntet und direkt verarbeitet werden, sind ein Traum, den man sich im eigenen Garten erfüllen kann.

# Gemüse aus dem eigenen Garten

## Die Tradition der Küchengärten

Betritt man das Reich eines Gourmets, indem man durch einen grünen Torbogen geht und einen kleinen Garten entdeckt, der mit einer Mauer oder Hecken vom restlichen Garten getrennt ist, spürt man die jahrhundertealte Tradition, die in solchen Gärten gepflegt wird. In einigen Ländern gibt es einzigartige, kreative Gemüsegärten, wie die „walled gardens“ in England, oder die „potagers“ in Frankreich. Hier wurde ein geschütztes Kleinklima geschaffen, um dem Gemüse beste Bedingungen zu bieten. Für die Begrenzung zwischen den Beeten verwendet man in Küchengärten traditionell Spalierobst. Ebenso wurden Spalierobstbäume auch vor die Mauern gepflanzt, um den Platz und die abstrahlende Wärme optimal zu nutzen. Vom Blockanbau der Feingemüse über Reihenanbau bis zur ganz gemischten Kultur, die bereits in Klostergärten üblich war, steht hier den eigenen Vorlieben bunter Gemüsebeete nichts im Weg. Dank dem inzwischen wieder großen Angebot der oftmals bunten, historischen Sorten kann der Farbenliebhaber mit diesen Gemüsepflanzen jedes Jahr neue essbare Gemälde kreieren, die später für wahre Genüsse sorgen.

## Mischkultur einmal anders

Mit klassischen Partnern im Beet, wie Karotten und Zwiebeln, die sich gegenseitig unterstützen, kann man nichts falsch machen. Interessante Kombinationen bieten auch Schalotten mit ihren Nestern, die sich im Laufe des Sommers bilden.

Schalotten sind nicht nur gute Partner für Karotten, auch die Tomate liebt sie, ebenso wie den Knoblauch. Johannisbeerhochstämmchen profitieren auch von Knoblauch als langjährigem Lebenspartner.

Bunt wird es mit italienischen Buschbohnen, die übrigens als Unterpflanzung von Säulenäpfeln oder Spalieräpfeln im Gemüsegarten dafür sorgen, dass der kleine Apfelbaum zusätzlich mit Stickstoff versorgt wird. Dicke Bohnen mit den hübschen weißen und roten Blüten haben den gleichen Effekt wie alle Leguminosen und reichern den Boden mit Stickstoff an – sie können so wunderbar starkzehrende Kohlarten wie Ewigen Kohl (schöne Beetrandpflanze) oder Palmkohl unterstützen: Eine Reihe Dicke Bohnen hinter oder neben Palmkohl gepflanzt, ergeben eine praktische und ansprechende Kombination. Japanischer Senfkohl als Zwischenreihe liefert mit seinen burgunderfarbenen Blättern reiche Ernten und ist außerdem ein hübscher Blickfang. Da Dicke Bohnen jedoch an den Triebspitzen gern von Läusen befallen werden, ist es hilfreich, einen Rhabarber im Garten zu haben. Seine Blätter lassen sich als Jauche ansetzen und, verdünnt gespritzt, die Läuse vertreiben. Winterheckenzwiebeln, deren grüne Röhren würziges Grün für Salate und Suppen liefern, bilden im Frühsommer attraktive weiße Blütenköpfe. Kombiniert mit dem violett blühenden Schnittlauch ergeben sich wunderschöne und praktische Abgrenzungen für Gemüsebeete, denn Laucharten schützen viele Pflanzen vor Pilzerkrankungen.

EIN GARTEN KANN EINE WELT FÜR SICH WERDEN, DABEI IST GANZ GLEICH, OB DIESER GARTEN GROSS ODER KLEIN IST. Hugo von Hoffmannsthal

*Leckere Kräuter wie Schnittlauch bilden einen schützenden Rahmen für Beete.*

*Bunte Salate erfreuen im Sommer das Gärtnerherz. Frische Kräuter, als Bänder gepflanzt, erweitern die Palette für Saucenkreationen.*

## Hochbeete – Gärtnern ohne Bücken

Hochbeete bieten eine angenehme Arbeitshöhe und ermöglichen den Pflanzen, schnell und einfach Wurzeln zu bilden, da der Boden aufgrund der Schichtung noch locker und nährstoffreich ist. Für die Seitenteile eines möglichst langlebigen Holzhochbeetes sind witterungsbeständige Hölzer wie Eiche, Lärche und Douglasie geeignet. Gegen Wühlmäuse hilft der Einbau eines Bodengitters, das so befestigt wird, dass sich die Wühlmäuse nicht seitlich hineindrücken können. Das Geheimnis des üppigen Wachstums auf einem Hochbeet liegt in der Füllung: Sie besteht aus einem Astholzkern, auf den Schnittgut, Laub und Grasschnitt geschichtet wird. Die oberste Schicht besteht aus Humus und Kompost. Gute Pflanzenkombinationen für die ersten zwei bis drei Jahre bestehen aus nährstoff- und wärmeliebenden Pflanzen, da sich das Hochbeet gut aufheizt: Hervorragend geeignet sind im ersten Jahr zum Beispiel Kohlrabi mit Basilikum, Zwiebeln und Tomaten, Lauch und Sellerie, Kohlarten wie Brokkoli oder der Toskanische Palmkohl. Im zweiten Jahr bieten sich Zucchini, Zwiebeln und Salat an, ebenso Kohlrabi, Rettich, Tomaten, Bohnen und Kräuter wie Kerbel, Bohnenkraut und Basilikum. Im dritten Jahr fühlen sich Erbsen, Radieschen, Zwiebeln, Kohlrabi, Rettich, Mangold, Spinat, Karotten und Bohnen sowie Sellerie wohl.

Im Frühling bedanken sich die Jungpflanzen für die erwärmten Wände des Hochbeetes mit zügigem Wachstum. Schneckenkontrollen sind zwar nicht so wichtig wie im Rest des Gemüsegartens, helfen aber, die Plage einzudämmen. Im Sommer sind regelmäßige Gießgaben angebracht, damit der Boden, der hier wegen des luftigen Aufbaus schneller austrocknet, weiterhin das so wichtige Nass spendet. Wer langfristig hohe Erträge wünscht, sollte alle paar Jahre die Füllung erneuern. Nach dem Zersetzungsprozess des Kernes ist der Nährstoffgehalt geringer und der Boden weniger locker. Bei einem Hochbeet mit einer Länge von 2 bis 2,5 m kann der Erdaustausch problemlos stattfinden.

Wir lieben es, in den Beeten Muster aus Pflanzen mit unterschiedlichen Farben und Strukturen zu weben. Eine hübsche Kombination ergibt sich mit den blau blühenden Vergissmeinnicht und dem silberblauen Blättern des Meerkohles. Gern steht er umrahmt von Kieswegen. Der herrliche, starke Honigduft der Blüten lockt nicht nur den Gärtner schon von Weitem in den Gemüsegarten. Die jungen Sprossen des Meerkohles wurden früher gebleicht und wie Spargel zubereitet – heute eine Delikatesse, die kaum jemand kennt. Eine weitere interessante Blattstrukturpflanze ist der Japanische Senfkohl. Er bildet mit seinen rot bis burgunderfarbenen Blattrosetten interessante Farbspiele mit grünem Salat und orangen Tagetes Auch zwischen Blumen wie rosefarbenen Lilien und rotem Mohn macht er eine gute Figur. Da er von den wenigsten als Gemüse erkannt wird, eignet er sich hervorragend als Begleiter in Stauden und Blumenbeeten und kann auch noch geerntet werden. Wer an älteren Blättern nascht, wird von der Wasabi-Meerrettichschärfe angenehm überrascht.

*Wasser sollte im Gemüsegarten gut erreichbar sein. Hübsche Holzfässer sind praktische Regenwasserspeicher und bieten leicht erwärmtes Wasser für Jungpflanzen.*

# Meine Lieblingsgemüse

## Dicke Bohne

*Vicia faba*

Die Dicken Bohnen waren die in Europa ursprünglich heimischen Bohnen, bevor aus Amerika die Stangenbohnen zu uns kamen. Je nach Sorte haben sie große, weiße oder rote Blüten. Da diese Bohnenart recht unempfindlich gegen Kälte ist, kann man sie an manchen Orten schon im Februar in den Boden legen. Die Pflanze bietet einen Mehrfachnutzen: Nicht nur die jungen Spitzen können, sobald die Pflanzen ihre endgültige Höhe erreicht haben, kurz gekocht und verzehrt werden, auch die jungen Hülsen und später die noch nicht reifen Samen, die sich im Frühsommer dann deutlich in der Hülle abzeichnen, lassen sich leicht aus ihrem samtenen Bett entfernen und kochen.

## Italienische Buschbohne 'Borlotto'

*Phaseolus vulgaris* 'Borlotto'

Die bunten Bohnen machen in Beeten, aber auch in Kübeln neben Blumen oder anderem Gemüse eine gute Figur. Im dritten Jahr des Hochbeetes bieten sie einen schönen Farbkontrast zum Grün der klassischen Buschbohnen anderer Gemüsesorten. Die Pflanzen wachsen buschig und die Hülsen sind zauberhaft weiß-rot gestreift. Selbst die Kerne sind gestreift. Der kräftige Geschmack passt gut zu Bohnensalat. Die Aussaat erfolgt von Mai bis Juli – wer satzweise aussät, kann so die Erntezeit verlängern.

## Schalotten

*Allium cepa* var. *aggregatum*, syn. *Allium ascalonium*

Schalotten, auch Edelzwiebeln genannt, wachsen gut in erhöhten Beeten. Sie sind nahe mit der Küchenzwiebel *(Allium cepa)* verwandt, haben allerdings ein feineres, würzigeres und weniger scharfes Aroma als die meisten Speisezwiebelsorten und sind robuster. Die jüngeren Blätter lassen sich wie Schnittlauch oder Frühlingszwiebeln verwenden. Gesteckt werden die jungen Zwiebeln ab März/April in durchlässigen Boden mit einem Reihenabstand von etwa 25 cm. Regelmäßiges Hacken und Jäten sorgt für einen guten Ertrag. Staunässe wird schlecht vertragen Als Mischkulturpartner bieten sich Möhren, Salat und Rote Bete an. Beginnt das Laub zu welken, kann man die Zwiebeln ernten.

### Italienische Flaschentomate 'San Marzano'

*Solanum lycopersicum* 'San Marzano'
Diese bis zu 2 m hohe, alte Sorte mit ihren markanten, zylindrischen Früchten war fast aus dem Anbau verschwunden. Sie lässt sich vielseitig verwenden: frisch vom Strauch, für Soßen oder getrocknet. Ihr süßer Geschmack kommt am besten zur Geltung, wenn sie an einem warmen Ort reifen kann, wie es bei der Terrassenkultur oder dem Hochbeet mit Überdachung in feuchten Sommern möglich ist. Bei allen Tomatensorten gilt: Vor der Ernte nicht zu viel gießen, das verwässert den Geschmack. Vor dem Gießen stets die Fingerprobe machen: Fühlt sich der Boden feucht an, sollte man noch nicht gießen.

## Meine Lieblingsrezepte *(für 2 Personen)*

### Dicke Bohnen als Beilage

200 g dicke Bohnen aus der Hülle entfernen und 30 Minuten in heißem Wasser kochen. Kurz in kaltem Wasser abschrecken. 2 Zwiebeln und etwas durchwachsenen Speck (je nach Bedarf) würfeln und in 1 EL Distelöl kurz anrösten. Dicke Bohnen durchschwenken. Salzen und mit rotem und schwarzem Pfeffer garnieren. Passt hervorragend zu mit Thunfischpaste gefüllten Tomaten.

### Italienischer Bohnensalat als Beilage

200 g junge Bohnen ca. 8 Minuten bissfest kochen, 2 Schalotten und 2 Knoblauchzehen kleinschneiden, 2 EL Weißweinessig, 3 EL Walnussöl, 1 TL Kapern, Schnittlauch, Salz und Pfeffer zu einer Vinaigrette verrühren. Alles über die mit kaltem Wasser abgespülten Bohnen geben. ½ Stunde im Kühlschrank durchziehen lassen und mit einem Topping aus Saurer Sahne servieren.

### Nudelnester mit Lachs-Schalotten-Sauce

2 Schalotten in Ringe schneiden und in 30 g Butter kurz andünsten. Mit ¼ l Sahne ablöschen, 300 g Lachsfilet hinzugeben, abdecken und ca. 10 Min. auf kleiner Flamme dünsten. 250 g Nudeln kochen, auf dem Teller zu Nestern formen, mit in Streifen geschnittenem Japanischem Senfkohl garnieren. Das Lachsfilet salzen, dazugeben und mit etwas Parmesan und rotem Pfeffer überstreuen.

### Tomaten gefüllt mit Sardellenpaste

6 Tomaten aushöhlen. 4 Sardellen, 150 g Joghurt, etwas Petersilie und Schnittlauch, Saft von 1 Zitrone im Mixer oder mit dem Pürierstab zerkleinern. Mit Salz und Pfeffer abschmecken. Tomaten mit der Paste füllen und mit etwas grünem oder violettem Basilikum garnieren.

# Seltene Gemüsearten

## Japanischer Senfkohl, Mizuna

*Brassica rapa* var. *japonica*

Japanischer Senfkohl wird im Februar / März direkt ins Beet ausgesät und wächst bei uns meist unkompliziert und schnell. Er bildet eine Blattrosette, die im jungen Stadium Feldsalat gleicht, weist jedoch eine burgunderfarbene Färbung auf. Die jungen Rosetten schmecken leicht nach Kresse. Je größer die Blätter werden, desto schärfer wird ihr Geschmack, der bis zur Meerrettichschärfe reichen kann und im Hochsommer sogar an Wasabi erinnert. Gekocht schmecken die Blätter milder. Wie bei Pflücksalat können die einzelnen Außenblätter geerntet werden, das Herz bleibt aber für weiteres Wachstum stehen. Selbst die gelben Blüten sind essbar.

## Ewiger Kohl

*Brassica oleracea* var. *ramosa*

Diese besondere Kohlart hat ihren Namen deshalb erhalten, weil sie nicht im zweiten Jahr blüht und nach der Samenreife abstirbt, wie die anderen Kohlarten. Ewiger Kohl bildet regelrechte Büsche und kann, ähnlich wie Pflücksalat, von Frühling bis Herbst geerntet werden. Als Randbepflanzung am Gemüsebeet macht er sich besonders gut und kann hier seine stattliche Größe ausleben. Eine Pflanze braucht möglichst 1 m² Platz und wird etwa 30 cm hoch. Die Blätter schmecken mild und sind jung auch roh eine feine Beigabe zu Salaten. Ein weiterer Vorteil: Diese Kohlart bläht nicht so stark wie ihre Verwandtschaft.

## Toskanischer Palmkohl

*Brassica oleracea* var. *acephala* subvar. *lacinata*

Diese Grünkohl-Verwandte besticht durch ihr palmenartiges Aussehen. Sie kann im Hochbeet genauso wie in größeren Töpfen gezogen werden. Die Blätter werden von unten nach oben abgeerntet, die obere Rosette bleibt stehen. Die Pflanze kann bei guter Pflege bis zu zwei Meter hoch werden. Dazu sind allerdings ein nährstoffreicher Boden und ein langen Sommer von Nöten. Wenn die ersten Fröste kommen, sollte man ihn abgeerntet haben. Mit Vlies geschützt lässt sich die Erntesaison verlängern.

Baumspinat 'Magenta Spreen'

*Chenopodium giganteum* 'Magenta Spreen'

Die feinen Samen des einjährigen, alten Blattgemüses können bereits im Februar / März direkt ins Beet gesät werden. Die robusten Pflanzen brauchen keinen Schutz. Der Austrieb der Keimlinge zeigt, woher die Pflanze ihren Namen hat: Die Spitzen der Blättchen sind puderartig magentafarben überhaucht. Die Pflanzen sind daher im Gemüsebeet genauso hübsch anzusehen wie im Blumenbeet. Wurde zu eng gesät, sollten die Pflänzchen ausgedünnt werden – die herausgezogenen Exemplare bereichern die Frühlingssalate. Wenn die Pflanze größer wird, zeigt sie, was in ihr steckt: Sie bildet einen bis zu 2 m hohen Mittelstamm mit vielen Verzweigungen, die zahlreiche Blätter mit diesem wunderschönen, magentafarbenen Rand aufweisen. Die jungen Blätter können auch roh, die älteren nur gekocht wie Spinat, zum Beispiel für Quiches, verwendet werden.

## Meine Lieblingsrezepte *(für 2 Personen)*

### Frühlingssalat mit Senfkohl

Junge Senfkohlblätter (in Feldsalat-Größe) mit Feldsalat vermengen (Mischungsverhältnis je nach Vorliebe für Schärfe). Eine Vinaigrette aus Traubenkernöl, Weißweinessig, Salz und Pfeffer über den Salat geben. Mit kleingehackten Walnussstücken garnieren.

### Ewiger Kohl als Beilage

20 Blätter des Ewigen Kohls frisch ernten und in dünne Streifen schneiden. 2 Zwiebeln fein würfeln und in 2 TL Butter glasig dünsten. Die in Streifen geschnittenen 10 Kohlblätter hinzufügen, wenige Minuten dünsten und mit Salz und Pfeffer abschmecken. Zum Schluss etwas gehacktes Bohnenkraut unterrühren. Zu Reis oder Nudeln servieren.

### Toskanische Suppe mit Palmkohl

1 Zwiebel fein würfeln und in etwas Olivenöl anschwitzen. 4 oder 5 Palmkohlblätter in Streifen schneiden, 1 kleine Zucchini, 1 Stange Sellerie und 2 Tomaten klein würfeln und dazugeben. 80 ml Wasser dazugießen und weitere 30 Minuten köcheln lassen, salzen und pfeffern. 2 Eier vorsichtig in die nun dickflüssige Suppe gleiten lassen und 4 bis 5 Min. weitergaren. Auf Teller verteilen. Pecorino oder Parmesan über die Suppe reiben. 2 Scheiben getoastetes Weißbrot mit etwas Knoblauch einreiben und frisch gepresstes Olivenöl für das Weißbrot in kleinen Tellerchen bereitstellen.

### Grüner Salat mit Magenta Spreen

Frischen, grünen Salat mit einer Vinaigrette aus weißem Balsamico-Essig, Pfeffer, Salz und Distelöl anrichten. Als Topping Magenta-Spreen-Blätter und Schnittlauchblüten darüberstreuen. Der Salat passt perfekt zu Baguette mit Kräuterbutter aus Schnittlauch, Petersilie, Borretschblüten und Knoblauch.

# Alte Sorten für großen Genuss

Die besten Karotten, die ich jemals gegessen habe, waren die liebevoll gepflegten Karotten im Garten meiner Oma in Norddeutschland. Direkt aus der Erde stibitzt, nur ein wenig abgerieben, schmeckten sie süß und knackig. Was für ein Genuss! Während mein Opa an der Gartentür aufpasste, dass meine Oma mich nicht erwischte, erlebte ich meine ersten Gartenfreuden. Damals wusste ich noch nicht, wie lange es von der Aussaat bis zur erntefähigen Karotte dauert und wie wichtig Boden und Sortenwahl sind.
Wenn man den Geschmack der alten Sorten noch kennt, ist man oft enttäuscht von den modernen Supermarktsorten, bei deren Züchtung der Geschmack oft auf der Strecke geblieben ist. Viele Menschen besinnen sich wieder auf Qualität und guten Geschmack – gutes Aussehen und hohe Erträge sind einfach nicht alles. Wer an guten, schmackhaften Sorten für den Hausgarten interessiert ist, hat sicher auch an eigener Saatguternte Spaß. Durch das gegenseitige Tauschen alter Sorten kann die Vielfalt in den Garten zurückkehren und im Mix mit modernen Sorten die Küche bereichern. Wer selbst Saatgut ernten möchte, um Sorten weiter zu vermehren, sollte wissen, dass sich nur samenechte Sorten weitervermehren lassen. Sogenannte Hybriden sind aus mehreren Inzuchtgenerationen entstanden und bilden keine lebensfähigen Nachkommen mehr. Die Samen der Hybridsorten, die im Handel sind, sind die letzte stabile Generation. So sorgen die Züchter dafür, dass ihre langjährige Arbeit auch bezahlt wird. Dieses Vorgehen ist verständlich, denn jedes Jahr hat der Züchter eine hohe Gebühr dafür zu bezahlen, dass seine Sorten in die EU-Saatgutliste aufgenommen und somit verkauft werden können.

## Eigenes Saatgut ernten

Für den Hobbygärtner funktioniert das Nachziehen von guten Pflanzen hervorragend, wenn es sich um samenechtes Saatgut handelt, das man noch bei Anbietern von historischem Saatgut oder Erhaltersaatgut findet. Diese Sorten bieten oft einzigartige Geschmacksnoten und eine gute Anpassungsfähigkeit an die Bedingungen im Garten. Für den Bezug dieses Saatgutes gibt es aktive Vereine und Organisationen, die sich für den Erhalt der Vielfalt einsetzen (siehe Serviceseiten).

Bei **Tomaten** ist es leicht, selbst Samen zu ernten: Wählen Sie zwei oder drei der schönsten Früchte aus: Sie sollten gesund sein und voll ausgreift sein. Holen Sie nach der Ernte der Früchte die Kerne mit einem kleinen Löffel heraus. Dann kom-

*Reife Samen, wie bei diesem Doldenblütler, sollten immer erst nach mehreren sonnigen Tagen abgeerntet werden, damit diese genügend abgetrocknet sind für die weitere Lagerung.*

*Bohnen aus ihren pergamentartigen Hüllen zu schälen macht Spaß. Dabei offenbaren sich oft bunte Samen mit hübschen Mustern, die eine wahre Sammelleidenschaft auslösen können.*

men die Samen für zwei bis fünf Tage in eine Tasse mit Wasser. Hier löst sich die gallertartige Hülle um die Samen auf. Gießen Sie die Samen in ein feines Sieb und spülen Sie sie mit Wasser aus. Die im Sieb verbleibenden Samen werden am besten auf Küchenpapier getrocknet. Anschließend sollten die Samen in Tütchen verpackt, mit Sortennamen und Datum beschriftet und trocken, kühl und dunkel gelagert werden.

**Radieschen** sind ein leicht zu ziehendes Gemüse. Lässt man Radieschen, statt sie zu ernten, im Beet stehen, so bilden sie im Laufe des Sommers mannshohe Pflanzen, reich verzweigt und übersäht mit kleinen Blüten. Am besten stützt man die Pflanze ab, damit sie nicht umknickt. Es bilden sich grüne Hüllen, die in etwa fingerdick sind. Im Laufe des Sommers oder Herbstes – je nachdem, wann ausgesät wurde – verfärben sich diese Hüllen pergamentartig bräunlich: Jetzt ist Erntezeit für die Samen, am besten nach ein paar trockenen Tagen. Bricht man die schützende braune Umhüllung auf, finden sich zahlreiche dunkelbraune Samen, die nun in Tütchen verpackt und beschriftet werden können. Dunkel und kühl lagern!

Bei **Salat** wählt man am besten die Pflanzen mit den besten Köpfen aus, die erst spät in die Höhe schießen, weil sich diese Eigenschaft weitervererben kann. Lassen Sie den Salat weiterwachsen. Nach einiger Zeit bildet er unauffällige Blüten. Ausgesät wird für die spätere Samenernte bereits im März, damit die Saatgutreife in eine trockene Jahreszeit fällt. Die Samen sind zwischen 12 bis 24 Tage nach der Blüte erntereif. Die reifenden Samenkapseln können als Probe vorsichtig zwischen Daumen und Zeigefinger gerieben werden. Der Samen ist reif, wenn die Samenkapsel zerfällt und die Samen zwischen den Fingern liegen. Fühlt sich der Samenträger noch teigig an, sollte noch gewartet werden. Wenn sich die Samen gebildet haben, wird der Salat abgeschnitten und mit dem Kopf nach unten über ein Blatt Papier gehängt. Hier lassen sich die sehr feinen Samen gut absammeln.

# Küchenkräuter

## Kräuter als Beeteinfassung

Duftende und essbare Kräuterbänder schlagen zwei Fliegen mit einer Klappe: Sie ersetzen die Buchshecken als Strukturgeber im Küchengarten und liefern aromatische, duftende Kräuter. Der Ysop mit seiner blauen Blütenstrahlkraft lässt sich ebenso gut in Form halten wie Lavendel. Ein Beifuß-Band mit dem silbernen Blattwerk und der leichten Struktur, bietet auch einen wunderbaren Übergang zu Staudenbeeten, beispielsweise mit Purpur-Fetthenne, die in dieser Kombination edel wirkt und nicht nur Bienen eine große Freude bereitet. Currykraut oder Heiligenkraut ergänzt die Beifußpflanzung oder lässt sich alternativ verwenden. Dazwischen passt Ewiger Lauch schön, der mit seinen zarten Stiften in der Küche Suppen und Salate bereichert. Seine Blüten schweben mit weißen, lockeren Blütenbällen über den niedrigeren Kräutern. Selbst Schnittlauch macht sich während seiner Blütezeit im Kräuterband gut. Durch regelmäßiges Ernten wird sein Wuchs reguliert und die Beeteinfassung kommt wieder in Form.

Viele der Kräuter sehen nicht nur schön aus, sondern halten durch ihren herben Duft Tiere fern, die Gemüse und Kräuter in den Beeten schädigen würden. Neben den bereits genannten Arten lohnt es sich, folgende Kräuter als Beeteinfassung auszuprobieren: Thymian, das mehrjährige Berg-Bohnenkraut oder der schnittverträgliche Gamander. Breite Büschel bilden der Gold-Majoran, die blau blühende Katzenminze sowie der silberfarbene Echte Salbei, dessen Würz- und Heilkraft seit Jahrhunderten bekannt ist.

## Kräuterbeete

Magere Böden eignen sich hervorragend für die Gestaltung mit Kräutern und Würzpflanzen. Da viele normale Gartenböden gehegt und gepflegt werden, sind die Beete oft zu nähr-

*Kräuter bilden duftende Blütenteppiche, die an Wegrändern zum Ernten einladen. Wohlgeordnete Bänder verbinden Formschnitt und Ernte.*

*Pflegeleichtigkeit verbunden mit Erntefreuden: Kiesgärten können attraktive Kombinationen von Gräsern, Blumen und Küchenkräutern sein.*

*Links: Mäandernde Kieswege, die sich zu Buchten erweitern lassen, bieten vielfältigen Nutzen. Hier fühlen sich trockenheitsverträgliche Stauden und mediterrane Kräuter wohl.*
*Oben: Duftende Kräuterpfade laden ein, durch den Garten zu schlendern und sich für die nächste Mahlzeit inspirieren zu lassen.*

stoffreich für Heilkräuter. Die meisten aromatischen Pflanzen sind zwar anpassungsfähig, ihre wahre Pracht entwickeln sie jedoch nur an den Plätzen, die ihnen Bedingungen bieten, die ihrer ursprünglichen Heimat ähneln. Das gilt nicht nur für ihr Aussehen, sondern vor allem für die wertvollen Inhaltsstoffe. Hier zählt wie immer Klasse anstatt Masse.
Nach der Festlegung der Beetgröße wird der Boden von Wurzeln und Unkräutern befreit. Wer seinen Boden nicht gut kennt, sollte eine Bodenprobe entnehmen, um herauszufinden, ob die gewünschten Kräuter dort gedeihen können. Bodenuntersuchungsanstalten bieten diesen Service für Haus- und Gartenbesitzer an. Von ihnen erhält man nach dem Einsenden der Probe eine Analyse über seinen Boden bezüglich des Nährstoffgehaltes und oft auch entsprechende Düngeempfehlungen. Sollte der Boden zum Beispiel zu nährstoffreich sein, kann man ihn mit Sand abmagern. Vor dem Pflanzen wird der Boden tief gelockert, damit die Kräuter einen optimalen Start erhalten.

**Kräuter für sandige, magere Böden in der Sonne:** Thymian, Koriander, Oregano, Bohnenkraut und Lavendel. Wenn der Boden mit Kompost angereichert wird, kann er Wasser speichern und Nährstoffe werden nicht so schnell ausgeschwemmt. Eine gute Mischung besteht aus je einem Drittel Sand, Gartenerde und Kompost. Fenchel, Borretsch und Estragon kommen mit Sandböden ebenfalls gut zurecht. Sie lieben jedoch einen etwas höheren Anteil an Lehm.

**Kräuter für lehmige Böden in voller Sonne:** Rosmarin, Thymian, Basilikum, Salbei, Lorbeer, Kümmel, Fenchel und Koriander. Der Boden sollte hin und wieder etwas aufgelockert werden.

**Kräuter für tonige, nährstoffreiche Böden in Sonne bis Halbschatten:** Alant, Wermut, Liebstöckel und Beinwell. Eine jährliche Gabe Kompost ist sinnvoll, um den Boden aufzuschließen und den Pflanzen die benötigten Nährstoffe zu liefern.

## Ein Weg kann mehr sein als nur ein Weg

Eine gestalterische Möglichkeit, vielen Heilpflanzen eine neue Heimat zu bieten, stellt die Anlage eines Kiesweges dar. In die Gestaltung des Gartens eingebunden, lässt er uns an Plätzen und Pflanzen verweilen. Die Wegbreite ist abhängig von der Anzahl der Personen, die sich zur gleichen Zeit auf dem Weg bewegen möchten. Eine Breite von 60 cm ist für eine Person begehbar, wird aber meist als etwas beengt empfunden. Übliche Breiten liegen bei 80 bis 100 cm. Bei einer Breite von 120 bis 150 cm können zwei Personen bequem nebeneinander gehen. Alle Wegbreiten über 1,5 m werden als großzügig wahrgenommen und bieten sich für stark frequentierte Bereiche an.

Variierende Wegbreiten lassen einen Kräuterpfad durch den Garten mäandern. In hinzugefügten Buchten, in denen die Erde mit Sand, Kies und Kompost vermischt wird, können Kräuter und Heilpflanzen ihre wahre Pracht entwickeln und in die nährstoffreichen Bereiche der angrenzenden Beete überleiten. Der Kiesweg bleibt gut begehbar und bietet an breiten Stellen und in Buchten Arrangements von modernen Stauden und Heilkräutern Platz. Besonders wohl fühlen sich hier Bronze-Fenchel und violetter Salbei. Kaskaden-Thymian bildet wahre Blühpolster und die Scharfgarbe findet sich in den Übergängen von trockenen zu nährstoffreichen Bereichen. Zitronengras kann, im Topf eingesenkt und mit Kies bedeckt, den Grascharakter in das Kiesbeet einbringen und sorgt zusammen mit Lavendel für einen Strukturwechsel. Und die ätherischen Öle des Knoblauchs können in den Übergängen von mager zu nährstoffreich so mancher pilzgefährdeten Pflanze hilfreich zur Seite stehen.

*Gärtnern in der Stadt: Gemeinschaftsgärten bringen Menschen zusammen, die ihren grünen Daumen ausleben wollen.*

## Gärtnern in der Mittagspause

Die Gartenlust macht auch vor der Stadt nicht halt. Wer ab und zu seine Mittagspause mit Gleichgesinnten verbringen möchte, kann sich umhören, ob sich nicht in der Nähe des Büros bereits ein kleiner Gemeinschaftsgarten etabliert hat, der zum Gärtnern und Mitgestalten einlädt. In vielen Städten gibt es mittlerweile Initiativen (mehr als 400 in ganz Deutschland), die auf ehemaligen Brachflächen urbane Gartenparadiese gestalten. Durch die Mithilfe der Anwohner wachsen hier üppige Kräuter und Gemüse. In diesen Gemeinschaftsgärten kann an mehreren Tagen in der Woche mitgegärtnert werden. Viele bieten ein begleitendes Rahmenprogramm an und auch Sitzgelegenheiten stehen zur Verfügung, um die Mittagspause einmal anders zu gestalten. Hier kann dann nach Herzenslust das Pausensnack-Brötchen mit frischen Kräutern und ein paar saftigen Tomaten verziert werden.

Sich nach einem anstrengenden Meeting wieder ein bisschen zu erden, ist an manchen Tagen bestimmt eine gute Alternative zur Kantine. Der Gesprächsstoff um das viele Grün ist abwechslungsreich und schnell sind die Bürothemen in der Mittagspause vergessen. Die kleine Auszeit gibt uns die Möglichkeit, anstehende Arbeitsthemen mit Abstand und aus einem anderen Blickwinkel zu betrachten.

# Meine Lieblingskräuter

## Knoblauch

*Allium sativum*

Wer Knoblauch anbauen möchte, steckt einfach im März / April oder im Spetember / Oktober die Zehe eines Pflanzknoblauchs in lockeren, sonnigen Boden. Aus dieser bildet sich im ersten Wachstumsjahr ein sogenannter Rundling aus. Nur wenige Halme sind dann auf dem Beet zu erkennen. Im Folgejahr wachsen dann schon mehrere Halme, von denen ein paar im Frühling

in die Küche wandern dürfen. Bis zum Frühsommer bildet der Rundling die bekannte mehrzehige Knolle. Sobald die Blätter im Hochsommer gelb werden und sich einzuziehen beginnen, heißt es aufpassen: Jetzt ist Erntezeit. Wer zu lange wartet, bis die Pflanze komplett eingezogen ist, findet unter Umständen den Platz nicht mehr, an dem die Knollen im Boden sind. Aber keine Sorge, im Folgejahr beginnt der Reigen von Neuem mit der Ernte von ein paar leckeren, milden Halmen ...

## Dalmatinischer Salbei, Großblättriger Salbei

*Salbei officinalis* 'Major'

Der Dalmatinische Salbei hat einen ausladenden Wuchs und wird ca. 50 cm hoch. Mit seinen großen, rundlichen Blättern fällt er schon von Weitem ins Auge. Er blüht zwar weniger als andere Echte Salbeisorten, ist aber dank seiner hübschen silber-grünen Blätter und seiner Struktur auch für Blumenbeete geeignet. Auf der Südseite von niedrig wachsenden Obstbäumen kann er als Unterpflanzung eingesetzt werden. Er ist recht frostverträglich. Für kulinarische Zwecke ist er hervorragend geeignet, da er ein intensives, aber mildes, leicht süßliches Aroma besitzt. Für Kartoffelgerichte, zu Käse, Tomaten oder Nudeln passt er besonders gut. Ausgebacken in Teig oder frittiert ist er eine leckere Köstlichkeit zu Wein.

## Ysop

*Hyssopus officinalis*

Dieser mediterrane, frostfeste Halbstrauch zählt zu den selteneren Vertretern in Kräuterbeeten. Der ab Frühsommer üppig blau blühende Ysop wird auch Bienenkraut genannt. Er liebt gut wasserdurchlässige, kalkhaltige Böden an sonnigen Standorten. Ein Rückschnitt im Frühjahr sorgt für einen buschigen Wuchs. Im Kräuterquark und Tee schmecken sowohl seine Blätter als auch die zierlichen Lippenblüten. Kartoffelgerichte, scharfe Gemüsepfannen, Suppen und Hülsenfrüchte profitieren von seinem herbwürzigen Geschmack zwischen Oregano und Salbei. Früher wurde er gern neben Weinstöcke gepflanzt. Es hieß, er steigere ihren Ertrag.

### Kaskaden-Thymian

*Thymus longicaulis* ssp. *odoratus*

Das ist der am schnellsten wachsende Thymian, den ich kenne. Er wächst zügig, bedeckt den Boden rasch und blüht im Frühsommer märchenhaft rosa in dichten, kissenförmigen Polstern. Hier hört man von Weitem das Summen der Insekten, die ihn als reiche Nektarquelle schätzen. Von fleißigen, winzigen Wildbienen bis zur großen Honigbiene ist er von allen heiß umschwärmt. Als Gewürzkraut bietet er reichlich ätherisches Öl und überzeugt mit seinem aromatischen Geschmack. Auf nicht zu nährstoffreichen Böden ist er zuverlässig winterhart.

## Meine Lieblingsrezepte *(für 2 Personen)*

### Spaghetti mit gebratenen Cashewnüssen und Knoblauch

300 g Spaghetti bissfest kochen. 2 Knoblauchzehen und eine mittelgroße Zwiebel klein schneiden. 50 g Cashewnüssen, Knoblauch und Zwiebel mit Butter goldbraun anbraten. Für die leckeren Röststoffe darf auch ein bisschen schärfer angebraten werden. Alles in eine kleine Schüssel geben und mit 3 EL Olivenöl, 1 TL Sojasauce und 1 TL Kapern verrühren. Parmesan nach Bedarf reiben und unterheben. Anschließend mit Salz und Pfeffer abschmecken und zu den fertigen Spaghetti genießen.

### Schinken-Salbei-Schnitzel

2 dünne Kalbsschnitzel mit Salz und Pfeffer würzen. Auf jedes Schnitzel eine Scheibe dünnen Parmaschinken und ein großes Salbeiblatt legen. Beides mit einem Zahnstocher befestigen. Schnitzel auf jeder Seite etwa 3 Minuten in 1 EL Distelöl braten, aus der Pfanne nehmen und warmstellen. Den Bratfond mit 2 EL Rotwein ablöschen und mit einem Schuss Sahne kurz aufkochen. Anschließend über das Fleisch gießen. Mit etwas frischem Rosmarin anrichten.

### Pellkartoffeln mit Ysop-Quark

400 g fest kochende Kartoffeln mit etwas Salz ca. 35 Minuten gar kochen. Währenddessen 250 g Quark mit 1 bis 2 EL Distelöl, frisch geschnittenem Ysop und etwas Schnittlauch in eine Schüssel geben und vermengen. Wenn der Quark noch nicht cremig genug ist, mit einem Schuss Milch verrühren, dann mit Salz und Pfeffer abschmecken. Kartoffeln schälen und mit dem Quark anrichten.

### Omelett mit Tomaten, Oliven und Thymian

200 g Cherrytomaten waschen und halbieren. 3 fingerlange Thymianzweige ernten. Blätter abstreifen und kleinhacken. 4 Eier und Thymian verquirlen. Mit Salz, Pfeffer und Chili (je nach gewünschter Schärfe) würzen. 80 g schwarze Oliven kleinhacken und unterrühren. 1 Zwiebel schälen und kleinhacken. Diese mit 1 EL Distelöl in einer Wokpfanne scharf anbraten. Auf mittlere Hitze reduzieren und die Eimasse hinzugießen. Zugedeckt ca. 10 Minuten stocken lassen. Omeletts auf Tellern anrichten, Tomatenhälften darauf verteilen und mit Thymian garnieren.

# Kräuter-Raritäten

## Violetter Salbei, Purpur-Salbei

*Salvia officinalis* 'Purpurascens'

Eine wunderschöne Ergänzung für Kieswege und pastellfarbene Beete ist diese purpurviolettblättrige Sorte des Echten Salbeis, die genauso als Heil- und Würzkraut zu verwenden ist. Beim Salbei gilt, wie bei allen Heilpflanzen: Die Dosis ist entscheidend. Der Violette Salbei hat längliche, grün-purpur panaschierte Blätter – nicht nur zur Blütezeit ein Farbkleks im Staudenbeet. Mit seinem horstbildenden, aufrechten Wuchs erreicht er eine Höhe von bis zu 50 cm. Er bevorzugt einen vollsonnigen Standort und durchlässigen Boden. Der Purpur-Salbei behält auch im Winter seine Blätter und kann an einem geschützten Standort die kalten Monate problemlos draußen verbringen.

## Ewiger Lauch

*Allium fistulosum*

Diese horstbildende Lauchart wird auch Ewige Zwiebel genannt und wurde früher oft in Bauerngärten angebaut. Wie sein Namen bereits sagt, ist Ewiger Lauch mehrjährig. Seine etwa 1 cm dicken Halme können, genau wie Schnitt-

lauch, immer wieder geschnitten werden, sie sind allerdings dicker und würziger als die des Schnittlauchs. An einem sonnigen Platz mit lockerem Boden und bei jährlicher Kompostgabe werden die Horste im Lauf der Jahre immer größer. Ewiger Lauch stellt schon im Frühling, aber auch den ganzen Sommer über eine geschmackliche Bereicherung für Suppen und Kartoffelgerichte dar. Die essbaren, zarten, weißen Blüten erfreuen das Auge.

## Zitronengras

*Cymbopogon citratus*

Das immergrüne Gras aus der Familie der Süßgräser kann eine Höhe von über 1 m erreichen, wenn es frostfrei überwintert wird. Da das Zitronengras kälte- und nässeempfindlich ist, bietet sich die Kultur im Topf an: Als Sommergast im Gartengräsermeer oder auf der Terrasse, arrangiert mit Blüten und Kräuterstars, kommt es perfekt zur Geltung. Der frische zitronenartige Geschmack verleiht mit seinem Hauch von Rosenduft Speisen ein besonders rundes Aroma. Aus den rauen Blättern lässt sich ein erfrischender, durstlöschender Tee zubereiten. Da die harten Blätter nur mitgekocht aber nicht mitgegessen werden, bietet sich eine weitere Verwendungsmöglichkeit an: Man kann den Stängel als Spießersatz nutzen, indem man die äußeren Blätter entfernt und dann Fleisch- oder Fischstücke aufgespießt. In der Pfanne oder beim Grillen erhalten die Speisen so ein frisches, zitroniges Aroma.

### Bronze-Fenchel

*Foeniculum vulgare* 'Rubrum'

Der dekorative Bronze-Fenchel bildet gefiederte Wedel, die zart über dem Beet schweben. Die Pflanze wird 1,20 bis 1,50 m hoch und bildet gemeinsam mit silbernen Stauden oder Kräutern eine schöne Kombination. Nicht nur die nützlichen Schwebfliegen lieben diese farbige und

kleine Variante des Arznei-Fenchels. An einem sonnigen Standort und bei mäßiger Düngung ist mit einer reichen und fortlaufenden Ernte der leckeren Blätter zu rechnen, deren anisartige Note zu Fisch oder Käse passt. Die Samen, die sich im Laufe des Herbstes bilden, können ebenfalls als Gewürz oder für Tee genutzt werden.

## Meine Lieblingsrezepte *(für 2 Personen)*

### Gebratene Auberginen mit Salbei und Rucola

Olivenöl in zwei Pfannen geben. Aubergine in Scheiben schneiden und kurz im Öl wenden. Auf jede Scheibe ein Salbeiblatt legen und umgedreht (mit dem Blatt nach unten) in die Pfannen geben. 1 Zehe Knoblauch und 1 mittelgroße Zwiebel klein schneiden und mit in die Pfannen verteilen. Auberginenscheiben von beiden Seiten goldbraun anbraten. Mit Salz und Pfeffer abschmecken. Rucola mit Balsamico Essig abschmecken und zusammen mit den Auberginen anrichten.

### Baguette mit Ewigem Lauch

1 TL Rosmarin, 1 EL Petersilie, 1 EL Basilikum und 5 EL frisch geernteten Ewigen Lauch fein schneiden. Alles mit einer Prise Salz, 100 g weicher Butter und 100 g Quark vermengen, bis eine geschmeidige Masse entsteht. Baguette in 1,5-cm-Abstand einschneiden, aber nicht durchschneiden. In die Schnittstellen je 1 TL der Creme geben. Das Baguette in Alufolie einschlagen und im vorgeheizten Backofen backen, dann die Alufolie oben öffnen und die letzten paar Minuten bräunen.

### Lachsfilets mit Zitronengras

2 Lachsforellenfilets mit der Hautseite auf eine Alufolie legen und 1 EL Distelöl auf dem Fisch verteilen. Mit Salz und Pfeffer würzen. 1 Knoblauchzehe, 1 kleines Stück Ingwer fein schneiden und auf den Fisch geben. Das Zitronengras der Länge nach aufschneiden, etwas zerdrücken, damit es mehr Aroma abgibt, und auf den Fisch legen. Die Alufolie schließen und den Fisch bei ca. 180 °C 15 bis 20 Minuten im Backofen garen. Lecker dazu schmeckt ein grüner Salat.

### Fenchel-Orangen-Salat mit Garnelen

2 Fenchelblätter klein schneiden und mit 100 g verzehrfertigen Garnelen braten. Orangen filetieren, Saft auffangen und mit Salz, Pfeffer, Honig, 1 TL Sonnenblumenkernen und Distelöl verrühren. Den Fenchel mit den Garnelen abkühlen lassen und anschließend zusammen mit den Orangenfilets in die Marinade geben. Den fertigen Salat mit etwas Fenchelgrün anrichten.

# Eine Obstecke im Garten – Genuss pur

Wenn im Frühling die ersten Obstbäume – Pfirsiche und Kirschen – blühen, hält uns nichts mehr im Haus. Kurz darauf beginnen die Zwetschgen und Pflaumen und danach die Apfelbäume zu blühen. Der ganze Garten verwandelt sich in duftende Wolken von über dem Boden schwebenden Blüten. Wer eigene Obstbäume im Garten anbaut, kann nicht nur die üppige Frühlingsblüte bewundern, sondern kommt später auch in den Genuss voll ausgereifter Früchte.

## Die beste Wahl

Neben den buschig wachsenden Beerenobststräuchern dürfen auch Obstbäume im Garten nicht fehlen. Hervorragend eignen sich Halbstamm- bis Buschbaumformen, da diese nicht so hoch oder ausladend werden wie Hochstammbäume. Dank ihrer kompakten Größe und Höhe kann auch in kleinen Gärten eine Auswahl verschiedener Obstsorten angepflanzt werden. Bei Halbstämmen liegt der Kronenansatz zwischen 100 und 160 cm Höhe. Bei Niederstämmen beginnt die Krone schon bei einer Höhe von 80 bis 100 cm. Buschbäume haben eine Stammlänge von 40 bis 50 cm. Diese Bäume wurden auf schwachwachsende Unterlagen veredelt und benötigen in den ersten Jahren einen Erziehungsschnitt.

## Wertvolle Helfer

Unsere Nahrungspflanzen brauchen fruchtbaren Mutterboden, um wachsen zu können, und die meisten Pflanzen müssen bestäubt werden, um Früchte und Samen auszubilden. Johannis- und Stachelbeeren blühen sehr früh im Jahr. Zu dieser Zeit ist das Wetter oft noch recht kühl. Für die Blüten ist das zwar kein Problem, aber unter 12 °C fliegen noch keine Bienen. Hummeln fliegen bereits ab 6 °C und sind daher für frühes Obst und Gemüse wichtige Bestäuberinsekten. An einem kreativen Wochenende können für Wildbienen und Hummeln Nistplätze und Insektenhotels gebaut werden. Für ein Wildbienen-Hotel benötigt man einen Holzkasten, Hartholzstücke mit sauberen Bohrungen zwischen 3 und 5 mm, Schilfrohr sowie markhaltige Stängel und Zweige wie von Schwarzem Holunder. Es wird an einer sonnigen Stelle vor Regen geschützt aufgestellt. Schilf und Holunderstängel sollten jedes Frühjahr erneuert werden. Für Hummelkästen wird aus Holz ein Kasten mit Flugloch und einer leichten Klappe gegen Hummel-Schädlinge gebaut, das Innere wird mit Polsterwolle ausgelegt.

## Kreative Naschecke

Beerenobst lässt sich aufgrund seiner geringen Größe in jeden Garten integrieren. Himbeeren mit ihren köstlichen Naschfrüchten lassen sich an Zäunen entlangziehen oder als Raumteiler gestalten. Stachelbeeren, beispielsweise die Sorte 'Invicta' oder 'Hinnonmäki', und auch Johannisbeeren gibt es nicht nur als Büsche, sondern auch als Hochstämmchen. Sie können recht kompakt gehalten werden und benötigen nur 1 $m^2$ Standfläche. Ernte und Pflege sind hier einfacher als bei Sträuchern. Hummeln lieben Stachelbeerblüten und Johannisbeeren werden von Bienen und Hummeln gleichermaßen gern angeflogen.

**Für Design-Fans:** Manchmal haben Design-Gärten mit viel Stein, Glas und Metall sowie immergrünen Pflanzen eine kühle Ausstrahlung. Schlanke Apfelsäulenbäumchen fügen sich gut in formale Gärten ein und brechen die kühlere Anmutung auf. Hier können Blüten den Gartenraum bereichern und leckere Früchte genascht werden. Säulenäpfel wachsen straff aufrecht. Sie werden nicht viel breiter als 60 cm und maximal 3 m hoch. Sie eignen sich hervorragend für den Anbau in Gefäßen. Wie wäre es mit einem Flanierpfad entlang einer Gartenhecke? Entlang der immergrünen, in Form geschnittenen Hecke stehen quadratische Metallgefäße. In jedem zweiten blühen im Frühling Säulenäpfel in Weiß und Rosa. Dazwischen wachsen jahreszeitlich abgestimmte Blumen: im Frühling weiße und violette Tulpen, im Sommer kugelförmige Margeritenhochstämmchen, die einen schönen Kontrast zu den aufstrebenden Säulenäpfeln bilden. Im Spätsommer leuchten die roten Äpfel an den Säulen. Im Spätherbst wechselt das Bild in den Töpfen: Üppige Chrysanthemen bilden bis zum Winterbeginn einen würdigen Abschluss.

**Für Realisierer:** Für eine rückenschonende Naschecke mit üppiger Frühlingsblumenpracht eignen sich Halbstämme. Wie wäre es mit einer langen Lärchenholz-Sitzbank unter einem Apfel- oder Zwetschgenbaum. Hier kann man sich ganz ausstrecken und den Rücken nach getaner Gartenarbeit gut entspannen. Jeder hat bestimmte Zeiten für Pausen im Garten. Da der Schatten unter dem Obstbaum wandert, kann man immer die Seite der Bank aussuchen, die dann gerade im Schatten liegt. Die andere Seite des Baumes – neben der Bank – kann in einem Radius von mindestens 2 m vom Stamm entfernt, mit einem Spalier von Himbeeren bepflanzt werden. Bei ausgewachsenen Bäumen werden diese kurz nach der Kronentraufe gepflanzt. Innerhalb des Radius erwacht im Frühling das Blütenleben mit gepflanzten Schneeglöckchen und blauen Krokussen, danach folgt blauer Schneeglanz, weiße und blaue Anemonen sowie Traubenhyazinthen. Die ersten roten Tulpen, gelbe Narzissen und blaue Hasenglöckchen begleiten den Austrieb des Himbeerspalieres. So erfreut sich das Gärtnerherz bereits an den ersten Blüten, wenn der Schnee geschmolzen ist, bis der Obstbaum selbst zu blühen beginnt. Wenn sich das Blätterkleid des Baumes schließt, ziehen sich die Frühjahrsblüher langsam ein. Wer das gelbe, einziehende Laub nicht sehen möchte, kann vorsorglich Farne mit dazupflanzen. Die Wedel werden im Herbst stehen gelassen und bilden eine Schutzdecke für die Zwiebelblumen. Das Laub des Baumes darf ebenfalls liegengelassen werden, da aus ihm neuer Humus für das nächste Jahr entsteht.

**Für Entdecker:** Wer ein wenig märchenhaften Zauber in sein Beerenobst-Beet bringen möchte, kann ein weißes und ein rotes Johannisbeer-Hochstämmchen wählen und mit weißen und roten Blumen (z. B. weiße Polster-Glockenblumen, rote Gänseblümchen, Ranunkeln, Tulpen oder Storchschnabel) unterpflanzen: Schneeweißchen und Rosenrot, umkränzt von den begleitenden Farbpartnern. Im Hintergrund macht sich die einjährige Phacelia, die auch Bienenfreund genannt wird, gut. Sie deckt den hungrigen Nektarsuchern mit ihren blauvioletten Blüten den Tisch und bringt außerdem als Gründüngungspflanze auf natürliche Weise Stickstoff in den Boden ein: Ein gesundes und leckeres Gesamtarrangement für uns und die Natur. In den Folgejahren können statt Phacelia auch Lavendel oder Katzenminze gepflanzt werden.

*Johannisbeer- und Stachelbeerhochstämmchen in Kombination mit Phacelia locken Bienen und Hummeln als Bestäuber in den Garten.*

# Mein Lieblingsobst

## Erdbeere

*Fragaria*

Am besten pflanzt man Erdbeeren im Spätsommer, damit sie gut anwachsen können und bereits im Folgejahr in den Vollertrag gehen. Sie lieben, wie die Himbeeren, humusreichen, lockeren Boden, der mit einer Mulchschicht bedeckt wird. Alte Sorten wandern mit Ausläufern durch den Garten, modernen Sorten wurde diese Eigenschaft weggezüchtet, sie bilden keine Ausläufer mehr. Erdbeeren wollen alle zwei, mindestens alle vier Jahre ein neues Beet, um gut zu tragen. Wer alte Sorten hat, kann diese durchaus selbstständig durch die Beete wandern lassen. Wir selbst lieben die selbst gezüchteten Erdbeeren aus dem Garten meiner Großeltern, die bis zu acht Jahre im gleichen Beet stehen können und immer noch gut tragen.

## Apfel

*Malus domestica*

Apfelbäume gibt es heutzutage für fast jede Gartengröße in unterschiedlichen Wuchsformen und Endgrößen zu kaufen. Selbst für Balkone findet man sie als moderne Säulenformen. Es empfiehlt sich, je nach Größe der zur Verfügung stehenden Gartenfläche, zwei mittelgroße bis kleine

Bäume unterschiedlicher Sorten zu wählen, um eine gute Bestäubung zu gewährleisten. Denn Apfelbäume benötigen einen Bestäubungspartner und zwar von einer anderen Apfelbaumsorte. Hier empfiehlt sich die Beratung beim Kauf im Fachhandel, denn es gilt, die richtigen Bestäubungspartner zusammenzustellen. Bei Platzmangel kann ein sogenannter „Familienbaum“ mit drei oder vier Sorten auf einem Baum für kontinuierliche Ernten und gute Erträge sorgen.

## Weinrebe

*Vitis vinifera*

Bei den Weinreben gibt es in der Zwischenzeit sehr interessante, mehltauresistente Sorten für den Anbau im Hausgarten, z. B. die Sorte 'Bianca', eine weiße Sorte mit süßsaftigem Aroma, oder 'Regent', eine schmackhafte blaue Traubensorte. In kühleren Gegenden eignet sich der Anbau von frühreifenden, mehltauresistenten Sorten wie die weiße 'Theresa' oder die blaue 'Venus'. Da eine Weinrebe ranken will, empfiehlt es sich, sie an einem geschützten Platz an ein Spalier oder an einen Torbogen zu pflanzen. Weinstöcke lieben kalkhaltigen, steinigen und durchlässigen Boden und können jahrzehntelang am selben Platz wachsen und tragen. Als Unterpflanzung bietet sich Weinbergslauch oder Ysop an, der sogar ertragssteigernd wirken soll.

### Himbeeren

*Rubus idaeus*

Es gibt früh, mittel und spät reifende Sorten, ja sogar zweimal tragende Sorten, die im Frühsommer und im Herbst tragen. Eine der guten alten Sorten, die eine lange Erntezeit von August bis Oktober hat, ist die Sorte 'Schönemann'. Alle alten Ruten werden im Frühjahr zurückgeschnitten. Diese Sorte trägt nur an den dann neuen Ruten – so fällt es nicht schwer, sich beim Schnitt zu entscheiden. Die großen, dunklen Früchte werden besonders schmackhaft, wenn die Himbeere humosen, lockeren Boden vorfin-

det. Bei einem sonnigen Standort werden die Früchte süßer als im Halbschatten. Wie wäre es einmal mit gelben Himbeeren wie 'Golden Bliss' oder 'Golden Queen'? Sie schmecken ebenfalls sehr fruchtig, breiten sich allerdings im Garten leicht aus.

## Meine Lieblingsrezepte *(für 2 Personen)*

### Erdbeer-Smoothie

200 g Erdbeeren zusammen mit 1 Banane mit 100 g Joghurt und 125 ml Milch glatt pürieren. Lecker dazu ist auch eine Prise Bourbon Vanille. Für einen frischen Geschmack und als Dekoration macht sich etwas Pfefferminze gut.

### Rote Bete-Apfel-Salat

500 g fertig gekochte Rote Bete in grobe Würfel schneiden. 3 Äpfel in kleinere Würfel schneiden. 2 Schalotten fein schneiden. 1 EL Distelöl, 1 EL Weißweinessig, 1 TL Zucker, 1 TL Kapern und eine Handvoll Walnüsse dazugeben. Mit Salz und Pfeffer abschmecken. Als Variante passt auch noch gut etwas eingelegter Thunfisch dazu.

### Kleine Käsespieße mit Trauben

3 Streifen Frühstücksspeck in einer Pfanne anbraten. Danach vorsichtig den Speck in kleine Quadrate schneiden. Feta-Käse in kleine Würfel schneiden. Trauben waschen und auf kleine Spieße drücken. Danach den Speck und als Letztes den Feta aufspießen.

### Sekt mit Pfirsichen und Himbeeren

Pfirsichstücke 30 Min. in Weißwein legen. Dann in Sektgläser geben, mit Prosecco auffüllen und frische Himbeeren dazugeben.

AUS DEN TRÄUMEN DES SOMMERS WIRD IM HERBST MARMELADE GEMACHT. Englische Weisheit

# Obst für besondere Genüsse

## Pfirsich

*Prunus persica*

Pfirsichbäume wachsen am besten im Weinbaugebiet. Sie stammen zwar ursprünglich aus Persien und sind somit harte Winter gewöhnt, da sie aber sehr früh im Jahr blühen, erfriert die Blüte in kalten Gegenden leicht. Wer es probieren möchte, sollte also einen Standort aussuchen, an dem der Pfirsich glaubt, es sei noch Winter und erst recht spät blüht. Ein vor der Morgensonne geschützter Platz auf einer Westseite wäre denkbar. In Gegenden mit viel Schnee kann man im Wurzelbereich im Frühjahr Schnee aufhäufeln, um die Pflanze länger im Winterschlaf zu halten. Wir haben für unseren Pfirsichbaum die kälteste, nicht zugige Stelle in unserem Garten ausgesucht, die im Winter im Schatten liegt. Im Sommer jedoch scheint dort die Sonne und die Pfirsiche reifen auf 800 Metern Seehöhe zu einer süßen Freude heran.

## Nordische Zitrone, Essbare Zierquitte

*Chaenomeles japonica* 'Cido'

Die Nordische Zitrone stammt ursprünglich aus Lettland und wurde dort als Ersatz für Zitronen gezüchtet. Der Strauch hat anders als die meisten Zierquitten keine Dornen und wird nur 1 bis 1,20 m hoch. Die Wuchsform ist offen, locker und halbkugelig. Ihre attraktiven, orangefarbenen Blüten erscheinen von April bis Mai und werden

gern von Nützlingen wie Bienen und Hummeln besucht. Die gelben, harten Früchte reifen im Herbst und werden nach und nach geerntet – bis zum ersten Frost. Sie enthalten mehr Vitamin C als Zitronen. Die Nordische Zitrone bevorzugt einen sonnigen Standort. Sie ist bis –28 °C. winterhart. Werden die Früchte roh mitsamt der Schale über Speisen gerieben, schmecken diese fein nach Zitrone. Werden die Früchte gekocht oder zu Marmelade verarbeitet, entfaltet sich ein Geschmack von Quitte mit Zitrone.

## Japanische Weinbeere

*Rubus phoenicolasius*

Bereits 1876 gelangten die ersten Japanischen Weinbeeren über Frankreich nach Europa. Der nah mit den Himbeeren verwandte Strauch wird 1 bis 3 m hoch und trägt bogig überhängende, rote Ranken. Die hellrosa Blüten sitzen dicht in Trauben an den zweijährigen Ruten zusammen und reifen im Herbst zu schmackhaften, süßen, roten Früchten mit leichter Säure heran. Die früchtetragenden Ruten sterben danach ab. Die Pflanze schützt ihre reifenden Früchte mit Kelchblättern, die einen leicht klebenden Tau absondern, der Schädlinge fernhält. Die orangeroten Früchte sind sehr saftig und schmecken aromatisch-säuerlich. Man kann sie direkt vom Strauch naschen oder zu Marmelade etc. weiterverarbeiten. Die früchtetragenden Ruten sterben im Herbst / Winter wie bei den Himbeeren ab und können im nächsten Frühjahr bodennah abgeschnitten werden. Wie Himbeeren lieben die Japanischen Weinbeeren einen lockeren Untergrund. Gern nehmen die Pflanzen einmal im Jahr eine Kompostgabe an.

## Nashi-Birne

*Pyrus pyrifolia*

Die Nashi-Birnbäume bieten während ihrer Blütezeit von April bis Anfang Mai einen herrlichen weißen, üppigen Anblick. Wie unsere heimischen Birnen benötigen auch sie einen Bestäubungspartner. Unsere Birnen und Nashis können sich gegenseitig bestäuben. Die runden Delikatessfrüchte der Nashis schmecken ausgereift fruchtig und erfrischend. Da Nashis nicht wie unsere Birnen an Birnengitterrost leiden, der über Zier-Wachholder *(Juniperus sabina, Juniperus chinensis)* übertragen wird, stellen sie eine wertvolle Alternative dar. Ich selbst möchte jedoch nicht auf den Geschmack frischer, leckerer, eigener Birnen verzichten und habe beides in meinem Garten – eine Nashi und verschiedene Birnensorten, die uns dank ihrer unterschiedlichen Reifezeiten und Aromen an heißen Sommertagen und auch im Herbst erfreuen.

## Meine Lieblingsrezepte *(für 2 Personen)*

### Gebratener Pfirsich auf Pangasius

2 Pfirsiche schälen und in Scheiben schneiden. 1 TL Butter in einer Pfanne erhitzen, Pfirsiche dazugeben. In einer zweiten Pfanne 2 Pangasius-Filets mit 1 TL Butter braten. Mit Salz und Pfeffer würzen. Die heißen Pfirsichscheiben auf den fertigen Fisch geben. Dazu passt gut Baguette oder Reis.

### Zitronen-Eisgetränk

Die gelben, harten Früchte mit der Reibe zerkleinern, in einen Eiswürfelbehälter geben und mit Weißwein oder Wasser auffüllen. Jeweils ein kleines Minzblatt hinzufügen. Einfrieren und nach Bedarf zu Eistee oder Prosecco geben.

### Weinbeeren-Mascarpone-Dessert

125 g Mascarpone mit 250 g Joghurt und einem Schuss Sahne in einer Schüssel cremig rühren. 1 TL Zucker und eine Prise Echte Vanille hinzugeben. 300 g Weinbeeren zerdrücken oder pürieren. Die Mascarpone-Masse glatt streichen und die Beeren darübergeben. Zwei Stunden kühl stellen und kalt genießen.

### Nashi-Avocado-Salat

20 g Walnüsse in einer Pfanne rösten. 2 Avocados und 2 Nashis halbieren, entkernen, schälen und in schmale Scheiben schneiden. Die Scheiben abwechselnd auf einen Teller legen. Feldsalat waschen, abtropfen lassen und in die Mitte des Tellers legen. Den Saft von ½ Limette, 1 Prise Salz, 1 Prise Pfeffer, 1 Prise Zucker, 1 TL Sojasauce, 1 EL Balsamico-Essig und 1 EL Kürbiskernöl in einer Schüssel verrühren und zusammen mit den Walnüssen darübergeben. Parmesan in hauchdünne Scheiben hobeln und darüberstreuen.

# Den Garten erleben

Das Leben im und mit dem Garten gestaltet sich vielschichtig und abwechslungsreich. Das Gärtnerleben hält immer wieder Überraschungen bereit und bietet für jeden die Möglichkeit, sich zu finden. Manch meditativer Moment während der Gartenarbeit spendet Freude, Kraft und Inspiration für den Alltag.

*Oben: Wenn der betörende Duft des Flieders weht, hat der Vollfrühling Einzug gehalten.*

*Links: Die Pflanzung von Gemüse wie Sommerlauch, Salat und Kohl ist im Vollfrühling problemlos im Freiland möglich.*

# Gärtnern mit Leidenschaft und Ruhe

Die Natur ist ständig im Wandel. Im Garten gleicht kein Tag dem anderen, es gibt keinen Routine-Alltag. Der eigene Rhythmus der Natur mit den wechselnden Jahreszeiten hilft uns dabei, zu entschleunigen. In jeder Jahreszeit stehen im Garten andere Arbeiten und Tätigkeiten an. Die wechselnden Jahreszeiten sorgen auch für Überraschungen – mit veränderten Lichtverhältnissen, variierenden Farben, abwechslungsreichen Düften, saisonalen Genüssen und haptischen Erlebnissen von weich und zart im Frühling zu hart und rau im Herbst / Winter. Sie bieten uns Momente der Stille und der inneren Einkehr, Zeiten des Betrachtens im wechselnden Reigen der Tier- und Pflanzenwelt, die für faszinierende Momente sorgen.

## Ein Blick über den Gartenzaun

Viele Gemeinden und Vereine bieten zum Beispiel Tage der offenen Gartentür an. Hier kann man interessante Privatgärten besuchen und mit einem Wochenendausflug verbinden (siehe Service). Zahlreiche Gärtnereien und Gartenakademien bieten vertiefende Seminare an, die noch einmal ganz andere Einblicke in die vielfältigen Möglichkeiten der Gartenwelt zeigen und Inspirationen für den eigenen Garten liefern. Wer dann mit neuen Anregungen im Gepäck in seinen Garten zurückkommt, kann mit aufgefrischtem Wissen über Pflanzen und Gartengestaltung Neues ausprobieren und die Lösungen für sich und seine Wünsche umsetzen.

## Meine Gartenleidenschaft

Ich erinnere mich an einen Herbst im Allgäu, als mein Großvater, ein passionierter Hobbygärtner, alle fast verblühten Blumen seines üppigen Blumenmeeres abschnitt und aufschichtete. In meinen Kinderaugen waren es mannshohe Blütenberge. Den ganzen Tag spielte ich damit, suchte die schönsten Blumen heraus und band Blumensträuße. Meine Großeltern hatten daran auch ihren Spaß, denn so war ich, das quirliges Energiebündel mit Tausenden von Ideen, für einen Tag beschäftigt. Mein Großvater verstarb leider, als ich noch jung war. Es wäre schön gewesen, aus seinem reichen gärtnerischen Erfahrungsschatz schöpfen zu können. Die Gartenleidenschaft habe ich wohl von ihm geerbt – die Freude am Gärtnern ist sein schönstes Geschenk, das mich mein ganzes Leben begleitet.

*Aus dem Erfahrungsschatz von anderen zu lernen, kann ein wertvolles Geschenk sein.*

## Ich bin dann mal Unkraut zupfen

Für meine Tochter ist eine dieser meditativen Arbeiten das Unkrautzupfen. Sie setzt Kopfhörer auf, schaltet die Musik an und ist dann für ein paar Stunden verschwunden. Sie träumt währenddessen oder konzentriert sich sehr bewusst auf die Arbeit. Wenn dabei mal eine Pflanze verschwindet, die eigentlich kein Unkraut war, ist das auch in Ordnung.

*Unterschiedliche Gartenarbeiten können als Meditation genutzt werden und zur inneren Mitte führen. Stressabbau ist dabei ein positiver Nebeneffekt.*

AM LEUCHTENDEN SOMMERMORGEN GEH' ICH IM GARTEN HERUM. ES FLÜSTERN UND SPRECHEN DIE BLUMEN, ICH ABER WANDLE STUMM. Heinrich Heine

## Die Kunst des Loslassens

In unserem hektischen Leben ist es eine Kunst, loslassen und entspannen zu können. Meditation kann uns dabei helfen – sie stellt einen Bewusstheitszustand von Besinnung und Konzentration dar. Wer regelmäßig meditiert, kann sich schneller entspannen, besser konzentrieren und auch Schlafstörungen verringern sich. Meditation wird auch erfolgreich zur Prävention des Burnout-Syndroms eingesetzt.

Die sehr bekannte Sitzmeditation ist nur eine Möglichkeit von vielen – Yoga, Qigong und Tai Chi führen ebenfalls zur inneren Mitte. Wer Gartenarbeit für Meditationsübungen nutzen möchte, folgt einer alten Tradition: Jede Handlung kann zu einem meditativen Moment führen. Das bewusste Wahrnehmen von Düften, Farben und Wärme verbindet uns direkt mit unserer Tätigkeit und lässt die sich kreisenden Gedanken zur Ruhe kommen.

## Gartenarbeit als Meditation

Beim Meditieren soll sich der Geist durch Achtsamkeits- oder Konzentrationsübungen beruhigen und sammeln. Meditation ist das Sein im Hier und Jetzt – ein Bewusstwerden. Jeder leidenschaftliche Gärtner hat Arbeiten, die er besonders gerne ausführt, zum Beispiel Bäume in Form zu schneiden: Während des präzisen Setzens der Schere konzentriert man seinen Blick immer auf die gewünschte Form des Gehölzes und nimmt den Duft der frischgeschnittenen Zweige wahr. Beim Vereinzeln (Pikieren) junger Pflänzchen achtet man vorsichtig darauf, dass die noch zarten Pflanzenwurzeln unverletzt in größeren Gefäßen Platz finden und dabei schweifen die Gedanken zum zukünftigen guten Wachstum der kleinen Schätze. Menschen, die gern Unkraut jäten, fühlen sich der Erde dabei nah und genießen es, für Ordnung zu sorgen und die gewünschten Pflanzen Stück für Stück von den ungewünschten zu trennen. Bei der Suche nach einem Platz für einen neu erstandenen jungen Baum und der sorgfältigen Vorbereitung des Pflanzlochs begleitet uns der Wunsch, dass er gut wachsen möge. Das erste Angießen hilft, dass die Erde sich gut an seine Wurzeln schmiegt und er mit dem so wichtigen Nass versorgt ist. All diese Gartenarbeiten können uns, wenn wir bewusst und versunken arbeiten, wie eine Meditation zur Ruhe kommen lassen und nur das Hier und Jetzt spüren lassen. Andere Gedanken verschwinden. Man vergisst sich selbst und die Zeit – ein meditativer Moment entsteht. Wer bewusst arbeitet, verpasst den Moment der Freude nicht.

Im Garten zu arbeiten, erdet uns – hier erhalten wir wieder einen direkten Bezug zu unserem Boden. Es tut gut, den Geruch des fruchtbaren Bodens einzuatmen und winzige Keimlinge zu entdecken, die neues Leben ankündigen, die Stille wahrzunehmen und die angenehme Wärme der Sonnenstrahlen auf der Haut und das Anspannen der Muskeln beim Graben zu spüren. Bringt man das Schnittgut oder das gejätete Unkraut dann mit dem Gedanken zum Kompost, dass es gute neue Erde ergeben und Teil des Gartenlebens bleiben wird, sind wir eins mit unserer Tätigkeit und dem Kreislauf des Lebens.

# Selbstbestimmt arbeiten und Ideen verwirklichen

Der Garten kann die Erweiterung des Wohnraumes darstellen und schafft Möglichkeiten, sich draußen im Grünen auszuleben. Mancher entdeckt den Künstler in sich und es entstehen temporäre Floristik- und Rasenkunstwerke im Garten. Während all dieser abwechslungsreichen Tätigkeiten im Freien findet sich auch Raum für ein Workout im grünen Gartenzimmer.

## Rasen ist mehr als nur grün

Rasenflächen gibt es in jedem Garten. Sie bieten viele Möglichkeiten für einen kreativen Einsatz. Vom vorübergehenden Schachbrettmuster, über gemähte Rasenspiralen, bis hin zu Liebeserklärungen, die erst vom 1. Stock im Haus die richtige Würdigung finden. Es macht auch nichts, wenn der Rasen dann mal zwei oder drei Tage länger wächst, damit die kleinen Kunstwerke nicht so schnell wieder verschwinden. Mit den heutigen leistungsstarken Rasenmähern ist das kein Problem mehr. Lassen Sie beim Rasenmähen Ihre Gedanken schweifen. Wer weiß, vielleicht entdecken Sie bei einem gedankenverlorenen Blick über das eigene kleine Reich einen sonnigen Platz, der sich perfekt für eine Naschecke, einen Meditationsplatz oder eine Schnittblumenecke eignen würde: Für ungespritzte Blumen aus dem eigenen Garten, ohne die wohlausgedachten Arrangements in den Beeten plündern zu müssen.
Und wer Rasenmähen mit dem herrlichen Duft von frisch gemähtem Gras verbindet, kann auch in dieser Arbeit Erholung finden. Und wenn man weiß, was man Sinnvolles mit dem Grasschnitt anfangen kann, wird die Arbeit zum noch größeren Vergnügen. Als Teil des Komposthaufens – gemischt

*Ruhige Rasenflächen und zarte Wiesengräser ergeben ein interessantes Zusammenspiel mit Licht und Schatten. Kreative in den Rasen gemähte Kunstwerke bieten Abwechslung zwischen Staudenbeeten.*

*Wer bunte Schnittblumenbeete im Garten hat, kann aus dem Vollen schöpfen und kreative Blumensträuße binden.*

mit holzigen Bestandteilen – wird aus dem Rasenschnitt das Gold des Gärtners, wertvoller Humus, der den Grundstock für das zukünftige Pflanzenleben bildet.

## Schnittblumenecke

Eine Schnittblumenecke bietet ein abwechslungsreiches Blütenmeer, in dem nach Herzenslust geschnitten werden darf.

**Für Design-Fans:** Klar getrennte Farbthemen wirken ruhig und elegant. Wie wäre es mit einem weißen Schnittblumen-Garten, frei nach dem berühmten weißen Garten in Sissinghurst, der mit verschiedenen Weiß- und Grüntönen spielt: Schneeglöckchen, Tulpen, Narzissen, weiße Edelrosen, Pfingstrosen, Phlox, Lilien, Astern – es gibt ein breites Spektrum an weiß blühenden Blumen, die in Kombination mit grünen Blättern wie von Funkien und Farnen sowie silberfarbenen Strukturpflanzen wie Salbei oder Silberwermut edle Arrangements für die Vase bilden. Lavendel und Heiligenkraut können geschickt in andere Beete überleiten. Auch Zweige von Bäumen, die als Hintergrundpflanzen gewählt werden können, lassen sich gut für naturnahe Kombinationen verwenden.

**Für Entdecker:** Einjährige Sommerblumen ergeben herrliche, bunt-fröhliche Blumensträuße. Gelborange Ringelblumen, gelbe Sonnenblumen, orange Tagetes, Löwenmäulchen und Zinnien in vielen Farben, gemischt mit blauen Jungfern im Grünen und Glockenblumen sowie einjährigen Gräsern wie Hasenschwanzgras, lassen sich perfekt mit Stauden wie Schafgarbe und Duftnesseln kombinieren. Dieses Beet bietet auch über viele Monate immer wieder neue Blüten und freigiebige Nektarquellen. Die Wüchsigkeit der dankbaren Pflanzen wird durch das regelmäßige Schneiden noch erhöht: Die Pflanzen treiben neu aus und die Blütenanzahl nimmt zu. Ein paar bunter Zierkohl-Pflanzen, am Rand des Beetes eingesetzt, bilden einen schönen Kontrast zu den oft zarten Blütenstars. Dieses Schnittblumenbeet kann auch als einjähriges Regenerationsbeet für eines der Gemüsebeete genutzt werden. So lässt sich eine attraktive und bunte Kulturfolge gestalten, die Boden und Pflanzen gesund erhält.

**Für Realisierer:** Sommerblühende, frostempfindliche Zwiebelblumen wie Gladiolen, die in den meisten Gegenden im Winter aus dem Gartenboden genommen und trocken und dunkel überwintert werden müssen, bedeuten zwar jedes Jahr mehr Arbeit als Stauden oder winterharte Zwiebelblumen wie Tulpen oder Krokusse, die im Boden verbleiben können, liefern uns aber eine große Auswahl an wunderschönen Schnittblumen. Farbenprächtige, üppige Schnittblumenbeete ergeben sich mit Dahlien, Lilien, Montbretien, Schmetterlingsgladiolen und Milchstern-Arten, die sich gut mit Kronen-Anemonen und Ranunkeln kombinieren lassen. Diese müssen ebenfalls im Herbst nach den ersten Frösten aufgenommen und im Haus gelagert werden. Lilien und Montbretien ergänzen das Arrangement und kommen normalerweise mit etwas Winterschutz gut im Gartenboden zurecht. Wer hier mit immergrünen, rahmengebenden Pflanzen wie Eibe, Buchs oder Kirschlorbeer am und im Beet arbeitet, hat gleich grünes Blattwerk für die Sträuße parat. In der Winterzeit sorgen Immergrüne außerdem für Strukturen, da das Beet ansonsten komplett abgeräumt wird. Nach der letzten Entnahme der Knollen im Herbst empfiehlt sich eine Bodenkur, beispielsweise aus schnellwachsendem Gründünger wie Gelbsenf, der gleich im Herbst oder im Frühling ausgebracht und dann untergegraben wird, bevor die Knollen der sommerblühenden Zwiebelblumen im Mai in den Boden kommen. Ein streifenweiser Anbau der Schnittblumen im jährlichen Wechsel verhindert Bodenmüdigkeit und macht es Krankheiten schwerer.

## Duft und Sinnlichkeit

Um Pflanzendüfte erleben zu können, bietet sich ein windstilles Plätzchen an. Dies lässt sich durch eine Hecke oder umgrenzende Büsche verwirklichen. Eine Sitzbank für zwei lädt zum Verweilen ein. Das ergänzende Spiel mit dem Farbkreis ist über die Auswahl der Blütenfarben möglich und vertieft die Wahrnehmung von Farben und Düften.

**Für Design-Fans:** Komplementärfarben stehen sich im Farbkreis gegenüber. So verstärken sich Rot und Grün oder Gelb und Violett gegenseitig. Die starken Kontraste bringen Auf-

*Punktuell eingesetzte purpurfarbene Blüten ziehen in einem pastellfarbenen Beet aus Rose 'Queen of Sweden' und Katzenminze die Blicke auf sich. Sie verändern die gesamte Wirkung des Beetes.*

*Bei Design und Kunst orientiert sich die Farbgestaltung vorwiegend am menschlichen Farbempfinden. Hilfreich ist der Farbkreis: Hier wird die Farbenvielfalt vereinfacht dargestellt.*

merksamkeit in ein Arrangement. Die sehr stark duftende Rose 'Golden Celebration' erreicht eine Höhe von etwa 1,20 m. Sie ist sehr robust und blüht verlässlich von Juni bis zum Spätherbst. Sie ist eine der besten Englischen Rosen. Diese Rose bildet, als Band gepflanzt, eine attraktive Beetabgrenzung. Begleitet wird sie von Lorbeer und Rosmarinstämmchen, die in Kugelform geschnitten sind und in formschönen Gefäßen im Frühling an die Eckpunkte des Beetes gestellt werden. Im Zentrum des Beetes thront ein zur Spirale geschnittener Buchsbaum, der von violett blühender Katzenminze umspielt wird. Ebenso einsetzbar ist Zier-Salbei, der seine erste Blütenpracht von Mai bis Anfang Juli und die zweite im September bietet.

**Für Realisierer:** Einen lebendigen, resonanzreichen Farbdreiklang bilden Farbtöne, die im gleichmäßigen Abstand voneinander entfernt im Farbkreis liegen. Ein Beispiel ist die Kombination von Grün, Orange und Violett. Der Reigen in diesem Dreiklang-Beet beginnt mit dem orangefarbenen, stark duftenden Goldlack. Er blüht von Mai bis Juni und steht in der Blumensprache für: „Ich sehne mich nach Dir." Im Beethintergrund steht ein violetter Flieder, dessen Blütezeit auch im Mai und Juni liegt. Er betört uns mit seinem herrlichen Duft auf Nasenhöhe. Kalifornischer Goldmohn gibt dem Beet mit seinen offenen, orangefarbenen Blüten vom Frühling bis zum Spätsommer eine fröhliche Note. Von Juli bis August gesellen sich Tigerlilien in Orange dazu. Bronze-Fenchel, punktuell im Beet eingesetzt, bildet mit seinen zarten Wedeln einen leichten Schleier, hinter dem das Orange besonders gut zur Geltung kommt. Violetter Salbei kann am Beetrand wachsen. Ebenso wie die belebende Zitronenmelisse, die das Grün für den Farbdreiklang liefert. Aber Vorsicht, Zitronenmelisse wuchert gern. Diese kann zur Kontrolle auch in einem Topf im Boden eingesenkt werden. Wer weniger wuchernde Gesellen wünscht, findet im zarten Zitronenstrauch ebenfalls ein gutes Teekraut, eine erfrischende Alternative. Diese frostempfindliche Pflanze sollte einen kühlen Überwinterungsplatz im Haus bekommen.

**Für Entdecker:** Farben, die im Farbkreis nebeneinander liegen, werden als sehr angenehm empfunden. Das Prinzip lautet: Eine vorherrschende Farbe im Beet wird von Mischfarben unterstützt und liefert dadurch harmonische Farbkombinationen. Die Farbgebung dieses Beetes wird von Rosa dominiert und unterstützt von silberfarbenem Laub. Purpurviolett und blau blühende Pflanzen werden akzentuiert eingesetzt. Die vorherrschende Blume des Beetes ist die rosafarbene, duftende Englische Rose 'Queen of Sweden'. Diese gefüllte Rose blüht von Juni bis Oktober. Umkränzt wird sie von der Katzenminze, z. B. der blauvioletten Sorte 'Wildcat'. Sie blüht im Juni / Juli und noch einmal im September, wenn sie nach der ersten Blüte zurückgeschnitten wird. Das Laub des Silber-Wermuts gibt der Pflanzung einen ruhigen Rahmen. Die vereinzelt im Hintergrund des Beetes eingesetzte purpurblühende, duftende Rose 'Alain Blanchard' setzt edle Farbakzente. Die halbgefüllte, selten gepflanzte Rose trägt typisches und sehr gesundes *Rosa-Gallica*-Laub und wird 1,5 m hoch und breit. Sie verträgt auch Halbschatten gut. Zierlauch zwischen den einzelnen Stauden schwebt, je nach Sorte, von Mai bis August, mit seinen violett bis blauen Blüten über dem gesamten Beet. Lavendel kann als Beetrandpflanze oder Abschluss eingesetzt werden. Für Lavendel sollte fruchtbarer Boden mit Sand abgemagert werden.

# Fitnessstudio im Grünen

Gartenarbeit tut gut und hält gesund. Wie wäre es, einen sonnigen Tag mit einem Garten-Workout zu beginnen? Spontane Outdoor-Fitness liegt im Trend. Wer seine Umgebung zum Fitnessstudio macht, fordert seinen Körper neu heraus. Im Garten greift sich jeder Ast anders, jeder Quadratmeter Rasen ist unterschiedlich. Treppen und Stufen bieten Abwechslung. Der Körper muss sich auf immer neue Reize einstellen können und man wird rundum fit.

Der Schnitt einer hohen Hecke, für den man die Leiter auf und absteigen muss, ersetzt den Crosstrainer im Studio. Der Handrasenmäher zum Selberschieben ist ein wahrer Ausdauertrainer. Sensen bietet Beweglichkeit für den Rumpf und trainieren unglaublich viele Muskelgruppen (Sensenkurse werden von Vereinen angeboten). Anstatt Hanteltraining ist Holzstapeln für den Kamin angesagt, denn Holz macht schon vor dem Verbrennen dreimal warm: beim Fällen, beim Hacken und beim Stapeln. Die Schubkarre bietet vielfältige Möglichkeiten des Einsatzes als Trainingsgerät, bis hin zum Wettrennen mit Freunden oder Nachbarn – je nach Kondition mit steigendem Ballast pro Jahr. Der Gewinner bekommt ein Grillfest, für den Eiweißnachschub. Beim Blumengießen kann man Ausfallschritte nutzen, so stärkt man die Oberschenkel- und Po-Muskulatur. Wer mit der Gießkanne arbeitet, um sich so von Beet zu Beet zu bewegen, kann sich die Gewichtsmanschetten an den Handgelenken sparen. Es gibt immer besonders durstige Pflanzen im Gartenreich, wie Hortensien. Während man bei diesen und ähnlichen Pflanzen mit dem Schlauch die Kanne nachfüllt, kann man mit dynamischen Aerobic-Übungen und einem MP3-Player mit entsprechenden Rhythmen viel für seine Figur und Fitness tun. Mit einer Pulsuhr lassen sich Fitness und Gießzeit überprüfen. Denn 10 Liter pro Quadratmeter sollten schon gegossen werden, damit man die Erde nicht nur oberflächlich benetzt und die Wurzeln somit auch davon profitieren. Ansonsten hat man einfach nur für hohe Luftfeuchtigkeit gesorgt.

Vielleicht trifft man sich dann, nach einem erfrischenden Sprung unter die Gartendusche, an der KUBI-Vitalbar, um grüne Smoothies und Milchshakes fürs Wohlbefinden und den Muskelaufbau zu trinken.

*Gartenarbeit hält die Muskeln fit. Bei schönem Wetter kann man den Garten pflegen und gleichzeitig den Körper trainieren.*

## Winterzeit – den Garten im Kopf gestalten

Im Winter ist im Garten nicht viel zu tun. Dann sitze ich gern in meinem Wohnzimmer und lasse mich von meinen Lieblingsbüchern inspirieren. Spätestens im Januar kribbelt in mir die Lust, neue Gartenprojekte zu planen. Das geht von kleinen Ecken, die ich attraktiver machen möchte, bis hin zu großen Teilen des Gartens, die in einem ganz neuen Stil entstehen sollen. Nicht immer realisiere ich alle diese Ideen. Ich genieße aber die Freude am Planen und an der Vorstellung, wie der Garten dann aussehen wird. Während der Garten noch unter Schnee und Eis liegt, wähle ich die Themen aus, an denen ich weiterarbeite. Dann stellt sich auch die alljährliche Frage, welche einjährigen Pflanzen vorgezogen werden sollen (der Platz ist immer viel zu eng!) und wie viel Gemüse ich anbauen möchte. Ich stöbere gern in meinen Saatgut-Kisten, und später stelle ich jedes Jahr fest, dass ich vor lauter Enthusiasmus und Vorfreude wieder viel zu viel anbauen wollte. Dann heißt es kreativ werden, um noch Plätze zu finden, wo all die Schätze wachsen und gedeihen können.

*Oben: Wer Sport und Rasenmähen vereinen möchte, verzichtet auf einen Motormäher.*
*Unten: Gießen mit der Gießkanne kann für Fitnessfans zur regelrechten Trainingseinheit ausgebaut werden. Davon profitieren dann nicht nur die Pflanzen.*

WER MICH KENNENLERNEN WILL, MUSS MEINEN GARTEN KENNEN, DENN MEIN GARTEN IST MEIN HERZ.

Hermann Fürst von Pückler-Muskau

*Links: Regelmäßige Kneipp-Anwendungen sind im Sommer ideal zum Erfrischen. Rechts: Streck- und Dehnübungen lockern die Muskeln nach getaner Arbeit.*

*Sportgeräte für draußen, beispielsweise eine Slackline, machen Spaß und trainieren den Gleichgewichtssinn.*

# Im Garten entspannen, loslassen, ankommen

Eine regelmäßige Dosis Draußensein hilft gegen Wohlstandskrankheiten wie Stress. Laut Studien reicht es, sich täglich eine Viertelstunde nach draußen zu begeben. Schon kann man klarer denken und ist positiver gestimmt.

Der Garten ist die Erweiterung des Innenraums. Oft sind die Gartenflächen größer als der zur Verfügung stehende Wohnraum. Im Freien können neue grüne Wohnoasen entstehen zum Erholen und Lesen, aber man findet meist auch einen Platz zum Spielen, für Yoga oder auch für Klangerlebnisse – es gibt viele Möglichkeiten, den Garten für alle Familienmitglieder zu einem Raum für Spaß und Unterhaltung zu machen.

## Von Sport und Spiel bis Yoga und Meditation

Wer im Freien trainiert, tut seiner Gesundheit viel Gutes. Einer der vielen Vorteile ist, dass man Sonnenlicht tanken kann. So kann der Körper das wichtige Vitamin D bilden, das eine Rolle bei der Knochenstärkung spielt. Auch Sauerstoff ist für uns lebenswichtig. Im Fitnessstudio ist die Luft nicht immer frisch. Im Freien oder im Garten dagegen kann man saubere Luft im Grünen genießen.

Eine hervorragende Stelle zum Meditieren, für Yoga oder Pilates lässt sich im Garten an einem sonnigen Platz auf einem Holzdeck einrichten. Je nach Anzahl der sportbegeisterten Familienmitglieder oder Freunde wird die Größe der Sport-Terrasse im Garten berechnet. Eine Yogamatte hat etwa die Größe 190 cm × 100 cm – dazu kommt der Bewegungsraum, den man um die Matte benötigt. Mit ca. 225 cm × 175 cm pro Person hat man bequem Platz. Vor der Mittagssonne schützt ein helles Sonnensegel. Für etwas größere Projekte bietet es sich an, gleich einen Teich miteinzuplanen. Die angenehme Atmosphäre, die von plätscherndem Wasser ausgeht, strahlt auf die ganze Umgebung ab. Auf dem sonnengewärmten Deck streichelt die warme Luft die Haut, die Muskeln lassen sich leichter bewegen. Ein Pavillon ermöglicht es, auch bei schlechtem Wetter Übungen machen zu können. Sportgeräte wie Hanteln, Sitzkissen und Matten können hier praktisch untergebracht werden.

Wer dann noch an das Einrichten einer Gartendusche denkt, kann sich schnell erfrischen.

## Carpe diem

An jedem Tag und zu jeder Stunde tut uns etwas anderes gut. In einem Garten mit unterschiedlichen Räumen können wir die Gegenwart genießen, uns auf das Wesentliche besinnen und uns mit den Themen beschäftigen, die uns gut tun.

Durch körperliche Bewegung wird der Kopf frei, verspannte Muskeln lösen sich und Stress kann abgebaut werden. Und manchmal tut es einfach gut, sich zu bewegen. Bei einem kleinen Spaziergang durch den Garten nach der Arbeit werden wir begleitet von abwechslungsreichen Formen und Farben. Wir entdecken kleine Naschgelegenheiten an den Wegrändern, die noch Minuten später auf der Zunge zu spüren sind,

DIE GANZE NATUR IST EINE MELODIE, IN DER EINE TIEFE HARMONIE VERBORGEN IST. Johann Wolfgang von Goethe

*Erfrischt und entspannt kann man wunderbar in seinem Refugium Duft, Wärme und gute Literatur genießen.*

und die zu jeder Jahreszeit wechselnden Düfte, die die Nase verführen, wenn wir kurz an einer Blüte verweilen. Allmählich kommt man bei sich an, um es dann entspannt an seinem Inspirationsplatz einer Katze gleich zu tun. Während die Gräser im Wind flüstern, lauscht man dem beruhigenden Summen der Insekten. Haut und Muskeln entspannen sich. Das erfrischende Gefühl der leichten Brise über sanft plätscherndem Wasser belebt den Körper, während der Geist zur Ruhe kommt, um dann offen zu werden für neue Inspiration. Und vielleicht möchte man dann, erfrischt und munter, seinen Tag mit neuen Ideen in seiner Kreativitätsecke ausleben.

## Mein Lesezimmer

Wer seine Lieblingsecken im Garten gefunden und eingerichtet hat, der findet bestimmt auch noch einen wunderbaren Platz zum Lesen. Praktisch für die Leseecke ist ein ruhiger Platz, vielleicht mit Abendsonne. Unter einem lichten Baum, der sanften Schatten spendet, oder einem Schirm kann ein Lehnstuhl oder ein Outdoor-Clubsessel mit weichen Polstern stehen. Ein kleiner Tisch als Ablage für Getränke und ein Buch ist schön und praktisch. Ein Kerzenständer oder eine kleine Laterne machen den Platz romantisch. Der mitgebrachte Picknickkorb enthält einen kleinen Snack oder noch eine leichte, wärmende Decke für spätere Stunden.

Bei einem guten Buch kann man entspannen, träumen oder sich in ein interessantes Thema vertiefen. Hat man ein Laptop oder ein Tablet, lassen sich weitere Anregungen im Internet finden. Garten-Communitys bieten die Möglichkeit, sich auszutauschen und Fragen zu klären.

## Das Reich der Klänge

In einer möglichst ruhigen Ecke des Gartens, fernab von Straßen und Terrassen, kann man den Klängen des Gartens lauschen und die Töne der Natur entdecken. Sie bietet dafür viele Mitspieler und begabte Sänger aus dem Reich der Tiere und Pflanzen an.

Futterstellen, Nistplätze, Büsche und Bäume, in denen Vögel gerne rasten und Futter finden, locken fleißige Musikanten an, vor allem im Frühling. Im Sommer kommen Grillen-Konzerte auf den Wiesen hinzu.

Das Einbringen von Klanggeräuschen in Form von Wasser, zum Beispiel ein kleiner Quellstein oder Springbrunnen, ein gurgelnder Bachlauf oder ein rauschender Wasserfall in der Nähe, kann als Hintergrundkulisse sogar Störgeräusche von der Straße ausblenden.

Wie wäre es zusätzlich mit selbstgebauten oder installierten Instrumenten wie Windspielen aus Hölzern, Muscheln und kleinen Steinchen oder Glöckchen, die an Bänder gebunden und in Bäume oder Sträucher gehängt werden können. Egal ob sie frei hängen oder von Zweigen und Ästen berührt werden – wenn es regnet, der Wind weht oder beim sanften Vorbeistreichen, entstehen zarte Geräusche und Klänge.

Eine gelungene Abgrenzung dieses Musikzimmers vom Rest des Gartens besteht aus Pflanzen, die Bewegung und Dynamik vermitteln: Am besten eignen sich hohe Gräser wie Chinaschilf *(Mischanthus)*, das bei stärkerem Wind die Blätter rascheln lässt und sich hin- und herwiegt, oder das etwas niedrigere Goldleistengras *(Spartina)*, das seine zarten, überhängenden Halme bei jeder leichten Brise sanft bewegt. So kann der Garten mitmusizieren. Und während der Pflege dieses Gartenzimmers können selbst Gartenscheren im Takt klackern.

*Oben: Wer die Möglichkeit hat, seinen Arbeitsplatz bei schönem Wetter nach draußen zu verlegen, sollte dies unbedingt ausnutzen.*
*Unten: Frisch geerntete Minze weckt neue Lebensgeister in der Mittagspause – einfach abzupfen und in heißes oder kaltes Wasser geben.*

PFLANZENDÜFTE SIND WIE MUSIK FÜR UNSERE SINNE.
Altpersisches Sprichwort

## Gartenecke statt Raucherecke

Es gibt viele Arbeitsräume, die an Balkone, Dachterrassen oder Außenanlagen grenzen. In modernen Anlagen gibt es bereits auf Dachterrassen erweiterte Büroräume, z.B. ein Bürokubus mit Glaswänden und begrünten Seitenteilen für wetterunabhängige Besprechungen, Laptopsitzplätze im Freien, – der Fortschritt bietet dies alles. Bäume in großen Gefäßen mit intelligenter Bewässerung bieten Schatten, Formschnittgehölze Sichtschutz und Erholung für das Auge. Mit den entsprechenden Farben ausgestattet können Erholung und Arbeitsqualität verbessert werden: Grün und Weiß sind passend für Ruhezonen. Violett, Rot, Orange und Gelb unterstützen Inspirations- und Kraftplätze. Dazwischen ist noch Platz für Kräutertöpfe – für Minztee und erfrischende Limonaden – oder eine kleine Salatinsel für die Mittagspause. Wer heute noch glaubt, dass man mit Druck gute Arbeitsleistung erreicht, irrt sich. Innovative, erfolgreiche Unternehmen haben das erkannt und setzen neue Standards. So wie man vor einigen Jahren begonnen hat, mit Pflanzen ein besseres Raumklima zu schaffen, werden grüne Inseln drinnen und draußen das Bild des Arbeitsplatzes der nächsten Jahrzehnte prägen.

# Auszeit: raus dem Alltag – rein in den Garten

Zwischen zwei Bäumen lädt eine Hängematte ein, in einem abgeschiedenen Gartenteil die Seele und den Körper baumeln zu lassen. Für ein kleines Nickerchen ist der Platz im lichten Schatten wie geschaffen. Das Gefühl von Urlaub stellt sich ein. Das Auge schweift in die Baumkrone, zu den sich sanft bewegenden Blättern. Es wandert durch den Garten, über schön arrangierte Blumenbeete. Der Blick trifft auf den kleinen, verschlungenen Weg in die wildere Gartenecke. An dieser Ecke herrscht wilde Romantik und das Gefühl, frei zu sein von Zwängen.

Ist der Garten größer, kann eine Bucht, umgeben von Bäumen und Büschen, gestaltet werden. Hier ist nicht nur der ideale Ort für die Hängematte, auch eine Feuerschale mit Sitzgelegenheiten für Freunde und Familie findet hier einen schönen Platz. Die Sitze um die Feuerschale können aus großen Steinen bestehen, die im Kreis aufgestellt sind. Große Sitzkissen bieten für gesellige Nächte bequeme und warme Unterlagen.

Wer seine Auszeit in die Nacht verlängern möchte, findet in modernen Outdoorbetten eine große Auswahl für bequeme Nächte im Freien. Es gibt sie mit Himmel, rund oder als Muschel. Sie bieten im Gegenzug zu Hängematten mehr als einer Person Platz, um die frische Luft zu genießen und sich zu erholen. In warmen Nächten kann die angenehme Brise besser erfrischen als eine Klimaanlage.

## Kindheitstraum Baumhaus

Vielleicht ist es sogar an der Zeit, sich endlich einen Kindheitstraum zu erfüllen. Träumen hoch über dem Boden. Dort wo Vögel rasten, dem Himmel ganz nah, ist der Platz für ein eigenes, kleines oder großes Luftschloss. Eine gewisse Größe sollte der Baum hierfür bereits erreicht haben, um einem stattlichen Baumhaus, das auch genug Platz für zwei Erwachsene hat, die richtige Plattform zu bieten. Hier ist es am besten, einen Fachmann zu konsultieren, ob der Baum geeignet ist, das gewünschte Baumhaus auch zu tragen. Es gibt aber auch Alternativen: Ein Refugium auf Stelzen. Umgeben von Bäumen, die noch wachsen oder ihre Endhöhe bereits erreicht haben, aber das Haus noch nicht tragen könnten. Große Fenster, die den Blick in die Baumkrone und die Sterne gewähren, bieten faszinierende Ausblicke. Moskitonetze sorgen für erholsame Zeiten. Ein Luftbett anstatt Matratze bietet eine leicht zu pflegende Schlafstätte. Sanft in den Schlaf gewiegt durch das Rascheln der Blätter, kann die grüne Siesta sehr erholsam sein. Ein Fernrohr ist ein gutes Geschenk für all diejenigen, die Glühwürmchen beobachten oder Sternbilder entdecken wollen. Hier finden sich dann der große und der kleine Wagen sowie Sternschnuppen. Die beste Beobachtungszeit für Sternschuppen der Perseiden, die jedes Jahr von Mitte Juli bis Ende August, zu sehen sind, soll zwischen zwei und vier Uhr liegen. Also ein perfekter Zeitpunkt für das Luftbett, das neue Fernrohr und für Wünsche?

*Heiterer Lieblingsplatz unter Bäumen, wie geschaffen für eine Auszeit, die Kraft und Energie gibt.*

*Oben: Ein Outdoor-Bett verlängert die Zeit im Freien. In warmen Nächten kann man sich hier wie im Urlaub fühlen. Rechts: Ein Baumhaus ist ein besonderer Ort für eine Auszeit, von dem viele schon als Kind geträumt haben.*

# Service

## Zum Weiterlesen

- Berg, Peter, **Biogärtnern.** Der Grundkurs. KOSMOS
- Bohne, Burkhard, **Kräutergärtnern.** KOSMOS
- Hähnsen, Heiko: **Gärten gestalten mit der Kraft der Pflanzen.** KOSMOS
- Hähnsen, Heiko: **Kraftort Garten.** Gartengestaltung im Einklang mit Mensch und Natur. KOSMOS
- Heistinger, Andrea und Arche Noah: **Handbuch Bio-Gemüse.** Sortenvielfalt für den eigenen Garten. Löwenzahn
- Holzer, Sepp u. a.: **Sepp Holzers Permakultur.** Praktische Anwendung in Garten, Obst- & Landwirtschaft. Leopold Stocker
- Kleinod, Brigitte: **Hochbeete.** Vielfalt ernten auf kleiner Fläche. KOSMOS
- Liebreich, Karen, Wendland, Annette und Wagner, Jutta: **Mein Selbstversorger-Garten Monat für Monat.** Pflanzen, Pflegen, Ernten. BLV
- Thinschmidt, Alice und Böswirth, Daniel: **Gartengestaltung.** Inspiration, Planung, Praxis. KOSMOS

## Nützliche Adressen

**OFFENE GÄRTEN**

Eine Übersicht und weiterführende Links zu offenen Gärten finden Sie unter http://gartenziele.blogspot.de/p/offene-gartenpforte.html.

**INFORMATIONSSTELLEN UND FORTBILDUNGSSTÄTTEN**

Eine Übersicht über die Gartenakademien der einzelnen Bundesländer finden Sie unter www.gartenakademien.de.

**Permakultur Akademie**
Geschäftsstelle Berlin
Kreutziger Str. 19
10247 Berlin
Tel.: 0 30 / 89 20 84 88
E-Mail: bueroberlin@permakultur-akademie.net
www.permakultur-akademie.de

**Bildungsstätte des deutschen Gartenbaus e. V.**
Dr. Siegfried Scholz
Gießener Str. 47
35305 Grünberg
Tel.: 0 64 01 / 91 01-0
E-Mail: info@bildungsstaette-gartenbau.de
www.bildungsstaette-gartenbau.de

**Bayerische Gartenakademie**
An der Steige 15
97209 Veitshöchheim
Tel.: 09 31 / 98 01-1 56
E-Mail: poststelle@lwg.bayern.de
www.lwg.bayern.de

**BODENUNTERSUCHUNGSINSTITUTE**

Staatliche Bodenuntersuchungsinstitute finden Sie unter www.vdlufa.de.

**Institut Koldingen GmbH**
Breslauer Str. 60
31157 Sarstedt
Tel.: 0 50 66 / 9 01 93-0
E-Mail: koldingen@agrolab.de
www.agrolab.de

**Eurofins Institut Prof. Dr. Jäger GmbH**
Ernst-Simon-Str. 2–4
72072 Tübingen
Tel.: 0 70 71 / 70 07-0
E-Mail: info.tuebingen@eurofins-umwelt.de
www.eurofins.de/umwelt/eufins-institut-jager.aspx

**Labor für Boden- und Düngemitteluntersuchungen**
Dr. H. D. Dürr, M. Dürr
Hagener Weg 27
89179 Beimerstetten
Tel.: 0 73 48 / 64 08
E-Mail: kontakt@labor-duerr.de
www.labor-duerr.de

**Analytik Institut Rietzler AIR GmbH**
Schnorrstr. 5 a
90471 Nürnberg
Tel.: 09 11 / 86 88-20
E-Mail: info@rietzler-analytik.de
www.rietzler-analytik.de

## GEHÖLZE

**Bioland Baumschule & Obstgarten**
Uepser Heide 1
27330 Asendorf
Tel.: 0 42 53 / 80 06 22
E-Mail: ute.hoffmann@hoffmann-obstbaumschule.de
www.hoffmann-obstbaumschule.de

**GartenBaumschulen BdB e.V. (GBV)**
Dieker Str. 68
42781 Haan
Tel.: 0 21 29 / 93 21-0
www.gartenbaumschulen.com

**Ahornblatt GmbH**
Postfach 11 25
55001 Mainz
Tel.: 0 61 31 / 7 23 54
E-Mail: Nachricht@Ahornblatt-Garten.de
www.ahornblatt-garten.de

**Versandgärtnerei Strickler**
Lochgasse 1
55232 Alzey-Heimersheim
Tel.: 0 67 31 / 38 31
Fax: 0 67 31 / 39 29
E-Mail: strickler@t-online.de
www.gaertnerei-strickler.de

## STAUDEN

**Stauden Ring GmbH**
Im Drielaker Moor 33
26135 Oldenburg
Tel.: 0441 / 36 10 98 77
www.staudenring.com

**Staudengärtnerei Gräfin von Zeppelin**
Weinstr. 2
79295 Sulzburg-Laufen
Tel.: 0 76 34 / 6 97 16
E-Mail: info@graefin-von-zeppelin.de
www.staudengaertnerei.com

**AllgäuStauden GbR**
Mittelberg 3
87452 Altusried
Tel.: 07567 / 9887404 o. 01578 / 7830559
E-Mail: info@allgaeustauden.de
www.allgaeustauden.de

**Staudengärtnerei Gaissmayer GmbH & Co. KG**
Jungviehweide 3
89257 Illertissen
Tel.: 07303 / 72 58
E-Mail: info@gaissmayer.de
www.staudengaissmayer.de

## GEMÜSESAATGUT UND KRÄUTER

**Rühlemann's Kräuter & Duftpflanzen**
Auf dem Berg 2
27367 Horstedt
Tel.: 04288 / 928558
E-Mail: info@kraeuter-und-duftpflanzen.de
www.kraeuter-und-duftpflanzen.de

**Dreschflegel-Versand**
Postfach 1213
37202 Witzenhausen
Tel:. 0 55 42 / 50 27 44
E-Mail: dreschflegel@biologische-saaten.de
www.dreschflegel-saatgut.de

**Verein zur Erhaltung der Nutzpflanzenvielfalt (VEN)**
Ursula Reinhard
Sandbachstr. 5
38162 Schandelah
Tel. / Fax: 0 53 06 / 14 02
E-Mail: ven.nutz@gmx.de
www.nutzpflanzenvielfalt.de

**Bingenheimer Saatgut**
Ökologische Saaten
Kronstraße 24
61209 Echzell-Bingenheim
Tel.: 0 60 35 / 18 99-0
E-Mail: info@bingenheimersaatgut.de
www.bingenheimersaatgut.de

**Syringa Duftpflanzen und Kräuter**
Bachstraße 7 (Büro)
Untere Gräben (Gärtnerei)
78247 Hilzingen-Binningen
Tel.: 0 77 39 / 14 52
E-Mail: syringa@t-online.de
www.syringa-samen.de

**Arche Noah**
Obere Straße 40
A-3553 Schiltern
Tel.: +43 (0)27 34 / 86 26
E-Mail: info@arche-noah.at
www.arche-noah.at

**ProSpecieRara**
Unter Brüglingen 6
CH-4052 Basel
Tel.: + 41 (0)61 / 5 45 99 11
E-Mail: info@prospecierara.ch
www.prospecierara.ch

# Register

Die **hervorgehobenen Seitenzahlen** verweisen auf Abbildungen.

## Die Autorin

Sibylle K. Maag, ist seit 23 Jahren glücklich verheiratet, gründete drei erfolgreiche Unternehmen in unterschiedlichen Branchen, während sie mit ihrem Mann Michael ihre gemeinsame Tochter Rebekka großzog und gleichzeitig studierte. Zwei der von ihr entwickelten Unternehmen leitet sie selbst, eines davon mit Vertretungen in Deutschland, Österreich und der Schweiz. Sie ist zuständig für die Unternehmensentwicklung, hält Vorträge und Seminare und engagiert sich für eine nachhaltige Zukunft.
Als Managerin nutzt sie ihren Garten als stetige Inspirationsquelle für ihr Zeitmanagement, gesundes Wachstum und Teamwork und um sich als Mensch zu erden und zu entfalten. Für das von ihr entwickelte Bildungsprojekt Paradiesgarten erhielt sie 2013 eine Auszeichnung der deutschen UNESCO-Kommission für nachhaltige Entwicklung. Ihr Kreativgelände Paradiesgarten Maag steht für die Zukunft, die in unseren Händen liegt und überrascht durch vernetzte Vielfalt. Gruppen und Seminarteilnehmer aus Korea, Brasilien, Ägypten, Neuseeland, Schweden, Italien, Schweiz, Österreich und ganz Deutschland sind bereits angereist, um den Paradiesgarten zu besuchen und die einzigartige Arbeit in dem ökologisch und ökonomisch genutzten Garten zu erleben und zu erlernen.
Für ihr drittes und jüngstes Unternehmen Maag Design erhielt Sie 2014 den Allgäuer Gründerpreis als bestes Start-up-Unternehmen. Das erste hierfür entwickelte Produkt KUBI®, ein ganzer Garten auf 1 $m^2$ für Balkone und Terrassen, ist ein Ausstellungsobjekt zum internationalen Jahr der Böden der Vereinten Nationen.

# Bildnachweis

Mit 178 Farbfotos von
123rf.com/profile_catgirlpix: 36; 123rf.com/profile_dar1930: 100 li.; 123rf.com/profile_dpimborough: 82 li.; 123rf.com/profile_ejkrouse: 70 Mi.; 123rf.com/profile_giobiz: 51 Mi.; 123rf.com/profile_goodluz: 10; 123rf.com/profile_grafxart: 98 re.; 123rf.com/profile_kojinaka: 63 re.; 123rf.com/profile_miramiska: 99; 123rf.com/profile_palinchak: 58 li.; 123rf.com/profile_photoweges: 100 re.; 123rf.com/profile_rmarmion: 5 u.; 123rf.com/profile_rmarmion: 102; 123rf.com/profile_robcocquyt: 56 Mi.; 123rf.com/profile_seaonweb: 33 u.; 123rf.com/profile_sgoodwin4813: 101; 123rf.com/profile_usersam2007: 75 li.; 123rf.com/profile_utima: 98 li.; 123rf.com/profile_wertaw: 68 li.; AllgäuStauden GbR: 68 re.; Blumenbüro: 109; Andrea Christmann, Hamburg: 97 o.; Gregor Faller, Schliengen: 22 (alle drei); Flora Press/Bildagentur Beck: 100 Mi.; Flora Press/BIOSPHOTO: 86; Flora Press/Botanical Images: 106 re.; Flora Press/Otmar Diez: 79 o.li.; Flora Press/Flowerphotos: 74 Mi.; Flora Press/The Garden Collection/Jonathan Buckley: 68 Mi., 83; Flora Press/The Garden Collection/Andrew Lawson: 108 re.; Flora Press/gartenfoto.at: 32, 94 Mi.; Flora Press/GWI: 62 re., 69 Mi., 75 re., 92 re., 95; Flora Press/MAP: 98 Mi.; Flora Press/Mint Images: 29 u.re.; Flora Press/Nova Photo Graphik: 51 li., 74 li., 82 re.; GAP Photos/Jonathan Buckley: 13; GAP Photos/Clive Nichols: 62 li.; GAP/Howard Rice (David Austin Roses, Albrighton, Wolverhampton): 110; The Garden Collection/Derek St. Romaine (Alex Bell - RHS Hampton Court 2011): 90 re.;; The Garden Collection/Nicola Stocken Tomkins: 88 li.;; GBA/Nichols: 33 o., 50 Mi.; GBA/Steinberger: 52; GBA/Wothe: 37, 55; GPP/Welzhofer: 19 re., 30 u.; Ute Klaphake, Hamburg: 84 Mi.; Maag Design, Lechbruck: 6, 18 li.,27 (beide), 57 li., 57 re., 58 re., 61, 72 o.re., 72 Mi.re., 74 re., 85, 97 u., 117 o.; Dirk Mann, Dresden: 63 Mi., 94 li.; Mauritius Images/Caia Image: 105; Sibille Müller, Raubach: 21 re., 42, 59 u.,75 li.,90 li., 92 li.; Pflanzenfreude: 67 o.re.; Reinhard-Tierfoto/Hans Reinhard, Heiligkreuzsteinach-Eiterbach: 18 re.; Schutterstock/Vladimir Arndt: 56 re.; Shutterstock/Matt Gibson: 20; Shutterstock/hannamariah: 91; Shutterstock/Kerry McQuaid: 26; Shutterstock/LianeM: 69 re.; Shutterstock/Mark Mirror: 19 li.; Shutterstock/V.J.Matthew: 93; Shutterstock/mirabile: 92 Mi.; Shutterstock//Monkey Business Images: 41 re.; Shutterstock/Antonia Potapenko: 29 u.li.; Shutterstock/sanddebeautheil: 5 Mi., 76; Shutterstock/Natcha Sattroopinat: 117 u.; Shutterstock/Yotka fotoaloja: 113 u.; Martin Staffler, Stuttgart: 47 o.re., 50 li., 56 li., 89; Friedrich Strauß, Au: 4 o., 5 o., 8, 11, 12, 15 re., 17 Mi., 30 o., 34 (beide),39, 47 o.li., 51 re., 57 Mi., 59 o.re., 59 o.li., 60 li., 60 re., 63 li., 64, 67 u.li., 67 o.li., 67 u.re., 69 li., 70 o., 70 u., 71, 72 li., 81, 82 Mi., 84 li., 84 re., 88 re., 94 re., 106 li.o., 106 li.u., 112, 113 o., 114 (alle drei), 116 li., 118, 119 u.; Annette Timmermann, Kalübbe: 2/3, 4 Mi., 4 u., 14, 15 li., 16, 17 u., 21 li., 23, 24, 29 o.li., 33 Mi., 38, 41 li, 43, 44, 47 u.re., 48, 49 (beide), 50 re., 53, 54, 62 Mi., 79 o.re., 79 u., 80, 87, 104 (beide), 108 li., 119 o., 111.

# Impressum

Umschlaggestaltung von Claudia Eder, Augsburg, unter Verwendung von 5 Farbfotos von botanikfoto/Friederike Take (Umschlagvorderseite: Wiesenraute), Annette Timmermann, Kalübbe (Umschlagrückseite, oben links: Kletterrose), Flora Press/The Garden Collection/Nicola Stocken Tomkins (Umschlagrückseite, oben Mitte: Bohnensamen), Friedrich Strauß, Au (Umschlagrückseite, oben rechts: Hochbeet mit Kräutern) und Shutterstock/Lilyana Vynogradova (Umschlagrückseite, unten: Phlox mit Schmetterling).

Mit 178 Farbfotos.

Alle Angaben in diesem Buch sind sorgfältig geprüft und geben den neuesten Wissensstand bei der Veröffentlichung wieder. Da sich das Wissen aber laufend in rascher Folge weiterentwickelt und vergrößert, muss jeder Anwender prüfen, ob die Angaben nicht durch neuere Erkenntnisse überholt sind. Dazu muss er zum Beispiel Beipackzettel zu Dünge-, Pflanzenschutz- bzw. Pflanzenpflegemitteln lesen und genau befolgen sowie Gebrauchsanweisungen und Gesetze beachten.
Die Blütenfarben sind sortenabhängig, daher können auch Farben auf dem Markt sein, die im Buch nicht genannt werden. Die Blütezeiten sind ebenfalls sortenabhängig, aber auch klima- und standortabhängig. Die angegebenen Wuchshöhen und -breiten der Pflanzen sind Mittelwerte. Sie können je nach Nährstoffgehalt des Bodens variieren. Verschiedene Sorten können deutlich größer oder auch kleiner wachsen als die Art.

Unser gesamtes Programm finden Sie unter **kosmos.de.**
Über Neuigkeiten informieren Sie regelmäßig unsere Newsletter, einfach anmelden unter **kosmos.de/newsletter**

Gedruckt auf chlorfrei gebleichtem Papier

FSC www.fsc.org MIX Papier aus verantwortungsvollen Quellen FSC® C084279


ISBN 978-3-440-14795-5
Projektleitung: Carolin Küßner
Redaktion: Carolin Küßner
Bildredaktion Carolin Küßner
Gestaltungskonzept: solutioncube, Reutlingen
Gestaltung und Satz: Katrin Kleinschrot, Stuttgart
Produktion: Jürgen Bischoff
Printed in Slovakia/Imprimé en Slovaquie

**Der Paradiesgarten Maag**
**der Designerin Sibylle K. Maag**

**Seminare – Vorträge – Führungen**

***Der Garten, der mir gut tut.***

**www.paradiesgarten.eu**

**Maag Design**

**KUBI® – ein ganzer Garten auf 1 m²**

***Entwickelt für das Wesentliche am Gärtnern: Freude am Wachstum.***

**www.maagdesign.de**

***Unsere Vision:***

***„Die Zukunft, in der du leben willst"***